Finland

フィンランドはもう「学力」の先を行っている

人生につながるコンピテンス・ベースの教育

福田誠治 Fukuta Seiji

亜紀書房

今こそ求められる「ゆとり教育」——はじめに

＊人生に必要な勉強

16歳まで、他人と比べるテストはなく、点数競争はしない。

勉強は学校の授業だけ。

義務教育の授業時間数は、世界でほぼ最低。

宿題は少しあるが、学習塾はなし。

取り立てて、受験勉強もしない。

国際学力調査によると、そんな国が、必死で勉強する東アジア諸国と肩を並べて世界トップクラスだという。

何とも信じがたい話だ。

なぜだろう。

テストのための勉強は、テストが終わると忘れてしまう。

入試のための勉強では、入試が終わると目標を失って遊んでしまう。

というのも、テストのための勉強だと、教師はテストに出そうなところを教え、生徒はテストで点になるものだけを覚えようとする。人生に向けた学びにならないからだ。

テストをすると、点数で物事を測ろうとする。生徒がちゃんと学んだかどうか、教師がしっかり教えたかどうか、自分の子どもができるかどうか……。

しかし、難しい問題を出せばテストの点数は低く、易（やさ）しい問題を出せばテストの得点は高くなる。そんなことは分かっていることだ。

フィンランドでは、中学3年生の時の教科の成績（10段階評価）の平均、いわゆる内申点で高校入学が決まる。ある高校は最低が8・2、またある高校は8・0、そしてある高校は7・8だったとしよう。
筆者「そうすると、次の年には、8・2の学校に優秀な生徒が集まりますよね」
マリヤッタ・メルト参与「それは他人の点数だ」
筆者「……」

マリヤッタ・メルト参与「……」
筆者「でも、少しでもいい学校で、少しでもいい教師に教われば、少しでも伸びるように思いませんか」
マリヤッタ・メルト参与「フィンランドの学校はどこでも学べるようになっている。学ぶか学ばないかは本人の問題だ」
こんなやりとりを、8年前にフィンランド教育組合の国際担当の前参与と交わしたことが昨日のことのように筆者の頭には蘇る。

もし、テストの点数がなければ、点数に表せない価値を見ようとするだろう。もし、ペーパーテストを極力なくそうとすれば、何かの行動で実力を測ろうとするだろう。その行動は、社会に通用するもの、自分の人生で役立つものを選ぶだろう。
フィンランドに比べると、日本の子どもたちは、学校に合わせた学びを強いられ、教科書の中に閉じ込められ、職業や人生からなんと切り離された勉強をしていることだろうか。これは、実にもったいないことだ。

＊ランキング総合1位の国

日本の学びを変えようといっても、「自ら学ぶ子ども」などというのはウソだ、子どもという者は放っておいたら遊んでしまうものだ、という声にかき消されてしまう。「ゆとり」教育というのは子どもを甘やかしていただけだ、というわけだ。

そこで、本書では、どうしたら自ら学ぶ子ども、自ら自分の人生を生き抜こうとする子どもを育てられるのか、フィンランドという国を舞台に具体的に見ていくことにする。なるほどどこんなふうに教育と人生がつながっていたのか、と考えるきっかけを作ることができれば幸いである。

雑誌『ニューズウィーク』が独自の視点で100ヵ国を調査したところ、「世界で1番の国」にフィンランドが選ばれたと2010年8月に発表している。学校教育、健康、社会福祉、人権、経済、政治など既存の各種調査結果を評価して得た結果だというのだ。フィンランドは、教育102ポイント（1位）、健康90・34（17）、生活の質91・48（4）、経済活動力70・49（8）、政治環境92・67（5）となって、総合1位である。日本は、教育94・04ポイント（5位）、健康100（1）、生活の質87・34（13）、経済活動力69・04（10）、政治環境79・52（25）となって、総合9位である。２位以下は、スイス、スウェーデン、オーストラリア、ルクセンブルク、ノルウェー、カナダ、オランダの順である。10位以下に、デンマーク、アメリカ合衆国、ドイツ、ニュージーランド、英国、韓国、フランスと続く[1]。

世界銀行が発表した「２０１２世界知識経済指数」[2]は、スウェーデン、フィンランド、デンマーク、オランダ、ノルウェー、ニュージーランドの順で、アジアで最高位は台湾の13位、日本は22位だった。フィンランドは、経済的インセンティブ制度が２位、技術革新が３位、教育が11位、情報通信技術（ＩＣＴ）が６位だった。

ＮＧＯのセーブ・ザ・チルドレンが１６５ヵ国を対象にした調査「母親になるのに良い国、悪い国（Best and Worst Place to be a Mom）」の調査結果が２０１２年５月８日に公表された[3]。母親指数のよい国は、ノルウェー、アイスランド、スウェーデン、ニュージーランド、デンマーク、フィンランド、オーストラリアの順になっていて、日本は30位だった。

子どもたちが職を得て自立し、家庭生活や社会生活を営んでいくということは、いろいろな仕組みが連携してこそ可能のようだ。学校や教師の力は偉大ではあるが、それだけではうまく機能しない。

＊69年に提言された「創造性を育てる教育」

今日の日本では、高学歴がすぐれた一生涯の職業を保証し、一流企業が高収入を保証するというつながりはほぼ消えつつある。学校の役割も、知識を詰め込むことではなく、情報を集め、比べ、取り出し、整理して知識を構成する力の育成に向きつつある。安定した社会では教科のよい成績がより支えになるであろうが、変化の激しい社会ではむしろ学び方を学ぶとか、学び続ける力のほうがより確実な支えになる。

実は、思考力や創造性を養う教育を望む声は、１９７０年代あたりから産業界を中心に出されていた。１９６９年、経済審議会答申『日本の情報化社会』では、次のように述べられている。

創造性の発揮のためには、記憶力がよく、事務的にすぐれた人間よりも、問題の本質を的確に把握し、常に問題を提起し、新たな分析を加え、新案を創出していけるような開発型人間が求められる。

あるいはまた、『臨教審第一次答申』（１９８５年）では次のように述べられていた。

二十一世紀に向けて社会の変化に対応できるよう、とくに必要とされる資質、能力は創造性や自ら考え、表現し、行動する力である。しかしながら、これまでのわが国の教育は、どちらかといえば記憶力中心の詰め込み教育という傾向が強かったことは否定できない。これからの社会においては、知識・情報を単に獲得するだけでなく、それを適切に駆使し、自分の頭でものを考え、創造し、表現する能力が一層重視されなければならない。

（略）したがって、とくにこれからの学校教育においては、基礎・基本の上に、創造性や論理的思考力、抽象能力、想像力などの考える力、表現力の育成を重視すべきである。

このような考えは、１９８７年12月の教育課程審議会に受け止められ、１９９２年に学校５日制の月１回実施を求めた文部省の「社会の変化に対応した新しい学校運営等に関する調査研究協力者会議」報告にも生かされ、「新しい学力」という概念が生まれてくる。

１９９５年４月の日経連教育特別委員会「新時代に挑戦する大学教育と企業の対応」では、「新政策や新技術などを企画・開発し」、「豊かな感性、インスピレーションの中から新しい構想を創り上げていく能力が必要」だとして「人間性豊かな構想力ある人材」が提起されていた。また、

今日の日本で最も求められているのが、独創性・創造性豊かな人材である。与えら

れた問題を与えられた知識でいかに効率よく学習するかということこれまでのキャッチアップ型教育では、独創性・創造性は育たない。独創性・創造性を涵養するには、幅広い関心、向上心に加えて、新しいものへの強い好奇心、チャレンジ精神や粘り強さの育成が望まれる。

として、「独創性・創造性のある人材」を提起している。

日本のマスコミも政治家も、１９８０年あたりから１９９９年までは「知育偏重」「受験学力」「詰め込み教育」を批判し、「ゆとり」教育に転換することこそが経済発展を遂げた日本に必要な教育改革であると見なしていた。

＊ＯＥＣＤは「ゆとり」教育を評価

ＯＥＣＤは、１９９８年の段階で「ゆとり」教育と表現されるカリキュラム改革こそ日本政府がとった学力向上政策であると判断している。日本とは、評価がまったく逆なのだ。すなわち、日本では、高校段階での「ドロップ・アウト」を避けるため、「カリキュラムのエートスと対象を変更」し、「カリキュラムを広げ、学習機会を多くし、参加を重視した授業を導入」して、「教育目的についての基本的態度を変える」こと、「生徒の熱意をかき立て、生徒に達成感を与える」ことで、「学校を生徒にとって魅力的なものにすること」を期待したというのである。こうした措置は、「教師と学校に開かれた心と柔軟なアプローチを求めるものだった(4)」とOECDは指摘しているのである。

OECDのこの立場は、今も変わっていない。OECDは、2009年11月のグリア事務総長来日時に、当時の鳩山首相に対して『日本の政策課題達成のために—OECDの貢献』という政策提言の文書を手渡した。

この文書では、学校教育については、国際的には日本は高学力であることを確認し、学習意欲を高める教育への転換と教師に高度な専門性を維持できる条件の保持を政策提言している。

現行の学習指導要領改定の焦点である「多くの知識を教え込む教育を転換し、子どもたちが自ら学び自ら考える力を育成すること」をより推し進めることは、最も高い成績を収めているフィンランドとの格差を縮小することに資するだろう。日本は、学級規模を小さくするより、質の高い教員を確保し維持することに重点をおいてきているが、これは教員の比較的高い給与と専門性育成を優先することにより達成されてきた。その他に、ますます多様化が進む生徒集団や落ちこぼれる恐れのある生徒に対処することと、生徒の学習に対するより積極的な姿勢を育み、生涯を通して学習を続ける意欲と能力を育成することが重要だろう[5]。

ここでいう「現行の学習指導要領」とは、1999年告示、2002年完全実施のものだが、総合学習を取り込んで、土曜日を完全休日にして、「ゆとり」教育の仕上げとなるはずだった。ところがこの学習指導要領を公表したとたんに「低学力」批判が社会的に展開され、肝心の文科省が実施前に原理転換してしまうことになったといういわくつきのものである。

いずれにしても、OECDは、アメリカ流の競争原理を斥け、「ゆとり」教育こそ未来の教育であり、それこそがアメリカ流のハイリスク・ハイリターンの経済ではなく、持続可能な経済への導きになると判断していることになる。

そして、現在は、新学習指導要領の教育が始まっている。競争原理だけで、子どもたちは本当に自分の人生を生き抜いていけるのだろうか。競争原理だけで、日本の企業は生き残っていけるのだろうか。

第3章　中学校のもの作り

第8章　フィンランドの職業教育の歴史と展望

フィンランドはもう「学力」の先を行っている

人生につながるコンピテンス・ベースの教育

序章　コンピテンス・ベースの教育が求められている

単身フィンランドへ渡った日本の青年の場合

＊フィンランド出身のF1レーサーに憧れて

２０１１年8月末、フィンランド・エスポー市の専門学校（職業高校相当）オムニアの自動車整備コースで日本人の生徒、中出直樹さん（18歳）に会った。

彼は、大阪府堺市の出身である。日本の学校になじめず小学校から不登校気味であった。その彼が、２００８年3月の中学卒業後、ビザ取得など1年ほどの準備期間を経て単身で国外に飛び出したのだという。彼は、小学3年生と中学2年生の時に、教師と衝突した。中学2年のその時、Ｆ1レーサーのキミ・ライコネンに憧れ、彼の生まれたフィンランドに行こうと考えるようになったのだという。親は許してくれたが、とくに賛成してくれたわけでもなく、助けもなかった。

中出さんは、「自分を振り返れば、中学生の時は何をしてよいのか分からなかった」「ましてや、外国に仕事に行くことなど考えもしなかった」そうだ。彼に決断を迫ったのは、皮肉なことに、日本の教育への不信感だったのかもしれない。

さて、２００９年1月、中出さんはフィンランドにやってきたものの、フィンランド語がまったく分からない。授業についていけないわけだから、まず語学学校に入ってフィンランド語を学び始めた。1年経つと何とか授業が受けられるようになって、２０１０年９月より、オムニアという専門学校の自動車整備コースに入学できた。

外国人であっても、フィンランドの学校は授業料は無料。未成年の場合は給食費も無料である。義務教育ではないので高校や専門学校になると教科書は有料だが、授業中に配布される他の教材は無料である。ただし、フィンランド人生徒には給付される生活費２万８０００円と一人住まいの住居支援費2万１０００円は、外国人である中出さんはもらえない。

言葉は生活の中で使っていると日に日にうまくなり、2年経った今では中出さんは学校の教師たちと難なく会話できるまでになっている。自ら学ぼうとすると、こんなにも語学は上達するものらしい。取材時に、専門学校2年生で18歳になったばかりの彼は、自分の名刺を持っており、そこには「総合ガイド」と書き込んであった。日本人相手のアルバイ

中出直樹さん（18）。

オムニア自動車コースの入り口。

隣にはトイザらスとスーパーマーケット。
その２階が自動車コースの教室。

トをしようと意気込んでいる。彼はもう、自立の道を踏み始めている。

＊スーパーの2階の専門学校

オムニアの自動車科（コース）は、自動車整備コース20人2クラスがある。そこには3、4人の女性も混じっている。電気系統やメカニックの点検、修理一般を扱う。他に、自動車修理コース20人1クラスがあり、板金、溶接、塗装などをこなす。この1学年60人分の3学年180人に、成人クラス40人が加わって、自動車科（コース）の生徒は２２０人である。普通科高校あるいは専門学校を一度卒業した成人には、3年制を1年短縮し、理論科目を再編成したカリキュラムを組んで対応する。それが成人クラスである。

エスポー市の郊外の広い土地がオムニアの自動車コースの持ち物であり、自動車整備工場の隣の土地はトイザらスやスーパーマーケットに貸していて、スーパーの売り場のあるビルの2階が学校の教室になっている。市民にとっては、見慣れた土地に専門学校という名の自動車整備会社があることになる。学校は、とにかく生活と密着している。生徒は、現実の生活で自分が何ができるかを常に実感しながら学ぶ。

修理工場はきれいに掃除され、想像していたような油まみれの暗い雰囲気はない。

1年生は、教材を使い、理論と実践の両方を学ぶ。まず安全指導から始めるのだという。1年生が使う作業場には、教材用にエンジンや車体が解体して展示してあった。この段階では、お客さんの車に触れることはまずない。

2年生は、学校の修理工場内で実際に働き、お客さんの車を修理する。教師に付いて実地指導を受ける。必要な時は、テーブルに生徒が集められ、実際の車を前に理論の講義も受ける。月曜日に車が持ち込まれ、持ち主が週末に遠出するまでに修理を依頼されることが多いので、たいてい木曜日、金曜日には仕事が少なくなり、その時に理論の勉強をたくさんすることになるという。修理を依頼した客は、生徒だからといって不安になることはなく、先生が付いてしっかり見てくれているから安心、と修理を依頼するのだそうだ。しかも、スーパーマーケットの隣にあれば、客は買い物ついでに預けていける。

3年生は、学校外の自動車修理会社で働く。外国の会社に行ってもよい。行き先は自分で探す。交通費と昼食代を会社が支払うことが最低の条件である。会社がアルバイト代を支給してくれれば、ありがたくいただくという。このような場合は、その会社が生徒の能力を高く評価してくれたことになり、卒業後にはたいていそのままその会社に就職できる。

＊教科書はメルセデス・ベンツ社が作成

中出さんが購入した教科書は、1年生の時に50ユーロ（約6000円、2010年当時）ほどのものが3冊あったそうである。構造理論で学ぶのは、ここ10年に造られた自動車で、それより古いものは学ばないという。むしろ、この先の変化に合わせて学ぶことが大切だと学校は見ている。

自動車整備コース１年生の作業場。

１年生はモデルを使って授業をする。

▼

２年生は実物を修理する。

自動車修理コースの作業場。

ベンツ作成の教科書で授業。

カリ・コスケラ先生は、ベンツが作成した教科書を見せてくれた。かつては企業内知識にとどまっていたものが、現在では企業が積極的に社外に出すようになっているという。教材用にデジタル化されたこの教科書は個人で購入はできないが、学校が買うことはできる。学校はこれをインターネットにアップして、その学校の生徒のみがＩＤ番号を入れて閲覧できるようにしてある。学校が支払うライセンス料は高いが、最新の知識が入ることと、生徒の負担が少ないので利用しているという。

コスケラ先生によると、「自分は日本にも研修に行った。トヨタのサービス網は世界一だ」そうだ。しかし、フィンランドでは、こうしてベンツがサービス網の拡充に乗り出していることになる。

ちなみに、専門学校の教師は、職場体験が必須条件であるが、採用後も5年に1度の割で2ヵ月間、現場で働く義務がある。この時、外国に行くこともある。毎年の長期休暇が5週間ほどあるので、有給休暇などと合わせれば4ヵ月ほど現場に滞在できることになる。ということで、日本では職業高校にあたる専門学校の先生が結構外国暮らしをしていて、オムニアの教師には日本に行ったことがあるという者がたくさんいる。

要するに、生徒も教師も、現実の世界と深く関わりながら生きている。生徒の学びは、学校の中に閉じ込もっておらず、自分の力を確かめ、実感を持って学び、人生への展望と意欲を持って学んでいくことになる。

中出さんのクラスの20人のうち1年生で不適応を起こした者は3人いて、2人は同じ専門学校オムニアの他のコースに編入し、残る1人は近隣の専門学校に転校したという。授業に欠席がちの生徒がいれば、進路指導の担当者が一緒に考えて、無理な押しつけはせず、自分を活かせるような他の道を探すのである。

どうしても学校をやめるという場合には、作業場（工房）を紹介する。3年間かけて、知識の勉強は少なめにして、実際の作業をしながら徒弟制度で資格を取ることもできる。長期的努力が続かない場合には、正規の授業や徒弟労働ではなく、10ヵ月の体験として社会に役立つ活動に参加する道を紹介する。たとえば、バンドを組んで音楽をしながらミキシングの技術も覚えて町のイベントの手伝いもするというような例だ。うまく続けば、途中で徒弟に切り換える。フィンランド社会は、あの手この手で若者を現実の生活となんとか結びつけようとしている。

この専門学校オムニアは、様々な施設を利用して、物作りや音楽系のクラブ活動を提供し、中学校で不登校になった生徒にも出番を作っている。中学校を卒業していない子が、専門学校に入りたくなったら、「その時はその時だ」と広報担当のシリエ・ハッシネンさんは言う。つまり、実力を見て入学させて、うまくいけば専門資格を与えればよいではないかということだ。なんと融通のきく学校制度か。

そのシリエさんも、エストニアからの移民で、英語とロシア語が堪能で、今の専門学校では英語の教師ではなく広報担当の仕事をしている。世界中から視察団を受け入れ、学校を宣伝し、生徒を売り込んでいる。

第1章　グローバル競争のなかの教育制度

常に新しいものを吸収できる教育

＊生産構造の変化とはどういうことか

ソニーのウォークマンを覚えているだろうか。放送局の中にあった巨大なテープレコーダーを、ポケットサイズに圧縮したものである。日本が世界に先行したその技術が日本の産業を支えた。極小のモーターを作り、一定の速度で回転させる技術。そこには、強力な磁石、つまりこれまでにはなかった合金の開発があった。あるいは、なめらかに一定の速度で回転させる技術の開発があった。磁気を均質にテープに付着させ、しかも何度も回転させてもはがれない構造を作り出す。小型の電池の開発。こんな諸技術が一体になって製品ができたのである。

カセットテープの録音再生機は世界で何億台と普及していたと思われる。そのような製品が、iPod の発売で一瞬にして市場から退場し、関連の工場は閉鎖され、多くの労働者は職を失うことになった。

日本の家電各社は、カセットテープからＭＤという光磁気ディスクへの転換までは考えたが、カード型メモリーの開発速度に気がつかず、対応を誤ったことになる。メモリーのメディアがカードになったことで、モーターも力学的メカニズムも不要になった。日本企業が巨額を投じて開発した知識と技術が、現実の世界では使用されなくなったわけである。

同じことは、すでにテレビの世界でも起きており、また電気自動車が出現すれば、日本の自動車業界にも起きることは必至だ。

２０１１年３月には、日本は不況に加えて震災・津波・原発事故という未曾有の破壊に直面したが、なぜかかつてない円高に見舞われている。日本の製造業は輸出力を失い、労働力の安い海外に工場移転をする傾向がより強まっている。ということは、日本国民は職を失うことになる。

海外展開を狙う企業は、外国人を採用する。衣料メーカーのユニクロ（ファーストリテイリング）では２０１２年の新卒採用者に占める外国人の比率を８割に、ソニーでは２０１３年に３割にすると報じられた。日本企業が多国籍化すればするほど、日本人社員の比率は下がり、採用数も減少することになる。だが、これでは、日本の産業は空洞化する。新しい産業が興せるのか。それとも、これまでの産業を効率的にして国内にとどめることができるのか。

現代社会で、職業に何が起きているのか。

前近代の世界では、職業は生まれながらに決まっていた。近代社会になって、やっと職業選択が可能になった。だが、産業構造の変化が緩やかだったので、たいてい、一生に一度、専門の労働能力を習得し、職業選択をすればよかった。近代社会になると、この職業選択ないし職業決定の要因が、生まれから学歴に変化したというわけである。それが、現代では、一生に複数回、職業を替える、ないし同じ職業であってもその専門性がどんどん変化することになってきた。ということは、知識や技能を学齢期に貯め込んで、就職したらそれを指示通りに使うという能力観は、現代社会では否定され、常に能力向上が必要となる。

また、いったん生産構造ができ上がっても、製品が開発途上国にコピーされ、安価な労働力を背景に安価な商品として市場に出回ることになる。そうなると、いわゆる先進国はさらに先に行くか、賃金を下げるかの選択しか残らない。もし先に行こうと思えば、指示待ち人間ではなく、想定外のことが起きてきた時の問題解決能力がきわめて重要であることが分かる。

＊ＥＵの制度統一

１９９６年を「ヨーロッパ生涯学習年」と定めたＥＵは、従来の教育制度を再整理した。

16歳までの義務教育を基礎教育と見なし、16歳以降を生涯学習とひとくくりにしてしまおうというのである。正確には、保育からの全教育段階を生涯学習と呼ぶが、人生で一度だけ通用する教育段階はひとまずおいて、本書では基礎教育後に注目してこの用語を使用する。

さて、生涯学習が唱えられたのは、生産活動の進歩および社会活動の複雑化という時代の変化に合わせて、成人の再教育・再訓練が必要になってきたことと、産業構造の変化に合わせて専門教育・職業教育の多様化ならびに高度化が必要になってきたからである。これを、ヨーロッパの人口規模の小さな国の教育機関が独自に行うことはまず不可能なことであった。

ほぼ20年ぶりに国際機関において生涯学習に言及したのはジャック・ドロール欧州委員会委員長であったが、その彼自身、1993年の欧州委員会の白書[1]において強調したのは、競争力と経済成長だった。

同時に、欧州議会ならびに欧州閣僚会議は、1995年10月に、1996年を「ヨーロッパ生涯学習年」とすることを決定していた[2]。さらに、1996年には、ユネスコ(UNESCO)のドロール委員会の報告『学習こそ宝』[3]が重なることになる。そこに経済協力開発機構(OECD)の動きもあって(後述)、1996年にはヨーロッパ諸国で生涯学習が広く認知される。これ以降、EU、その政策立案機構としての欧州委員会は生涯学習の実現をリードしていくことになる。

生涯学習制度になると、伝統的な学歴という概念が大きく変化することは必至だ。就職する直前の学歴で一生の仕事や収入が決まるという固定的な社会ではなく、必要に応じていつでも学び、最終学歴は固定しないという制度に変わるからだ。そうなると、一生涯学び続ける力が重要になってくる。

図1　生涯学習型学校制度

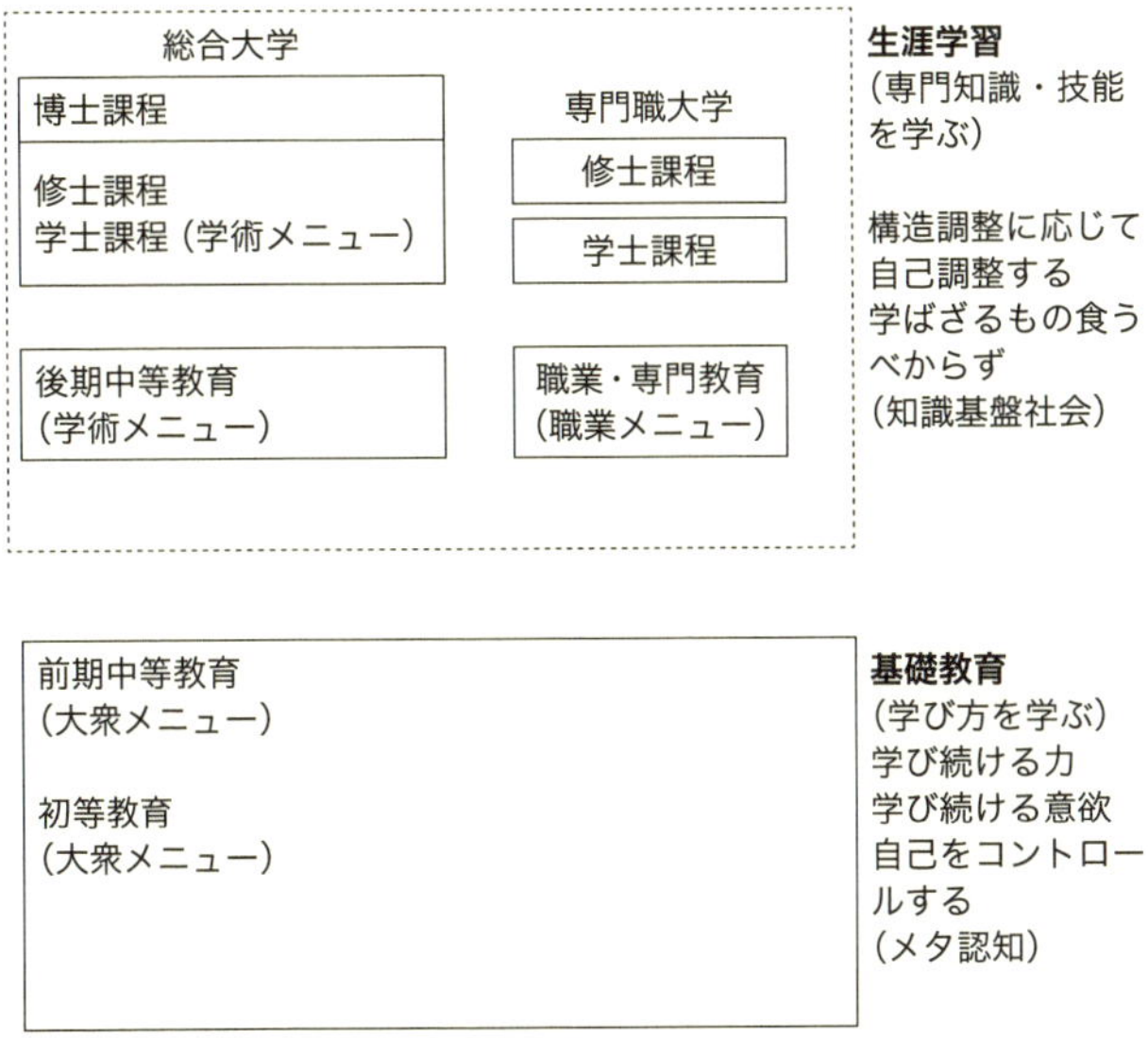

＊学習こそ宝

先に触れた『学習こそ宝』が誕生した経緯とその中身について触れよう。

1991年11月、ユネスコ総会は、「21世紀に向けた教育と学習に関して省察する国際委員会」を編成することを決定した。フェデリコ・マヨールは、委員長をジャック・ドロールに要請し、その他14人のメンバーで構成することを提案した。実際には、「21世紀教育国際委員会」と呼ばれるこの委員会が編成されるのは1993年初めのことであり、委員会の活動はユネスコが財政支援した。

1996年4月11日に、この委員会の報告書が事務総長に提出された。さらに、ユネスコはリスボン会議にて、21世紀教育国際委員会報告書『学習こそ宝』を承認した。

報告書では、人間関係の構築や、人権・平和・自由・社会正義という理念をよりよく達成する手段として生涯学習が考えられ、同委員会が「生涯の学習（learning throughout life)」という用語を用いたため、これ以降、生涯学習という言葉が一般化した。

報告書は、学習の4本柱として「知ることを学ぶ（learning to know)」「為すことを学ぶ（learning to do)」「共に生きることを学ぶ（learning to live together)」「人となることを学ぶ（learning to be、未来への学習)」を提起し、グローバル化、テクノロジー、「知識基盤経済（knowledge-based economies)」の時代に相応する新しい学力像を打ち出した。とりわけ社会性が強調され、「民主的な社会参加」には「市民教育」と「シティズンシップの実践」が重要だと指摘した。

ユネスコは、報告書を定着させるために作業チームを編成し、また、地域会議も開催されている。この4つの視点に立って、ヨーロッパでは各国の生涯学習の進捗状況を「ヨーロッパ生涯学習指標（ELLI)」として調査し、継続的に報告書も出されている。

＊ＯＥＣＤの政策転換

１９９０年代を通じて、グローバルな視点から生涯学習を見る動きが加速した。１９９５年元日、世界貿易機関（ＷＴＯ）が成立し、その付属文書「サービスの貿易に関する一般協定（ＧＡＴＳ）」は、教育も含めた人間のあらゆる行為を商品化することを謳った。とりわけ大学という高等教育の段階は、アメリカ合衆国をはじめ英語圏諸国が圧倒的に多くの留学生を集めており、その勢いは止まる様子がない。

ＥＵはこれを機会に、教育制度全体を域内全体で再編成するところに追い込まれるのだが、制度再構築の中心概念は生涯学習であると洞察した。１９９４年と１９９５年には生涯学習に関する議論を扱う白書が相次いで出版されている。[4] それらの文書の最も重要な点は、社会における個人の役割と居場所は「知識とコンピテンス」によって決まると規定したことである。

この２つの白書に基づいて、１９９５年５月の加盟国閣僚会議において、経済協力開発機構（ＯＥＣＤ）は、教育訓練制度の全般的改革を目指し、生涯学習の理念を政策に採用することにした。

複合的教育パラダイムの概念として生涯学習を採用し、１９９６年になると、ＯＥＣＤ

は、『万人のための生涯学習』を刊行し、「万人のための生涯学習プログラム」を推進することになる。これによって、生涯学習の概念は「複合的教育パラダイム」となり、このグローバルな視点の教育概念が教育の過程そのものに大きな影響を及ぼすことになる。あるいは、OECDがEUないし欧州委員会と一体化して、統一ヨーロッパの政策を強力に推進することになる。

これまで、教育とは、人生に準備する一時期のものと考えられていたが、これからは人生全体に埋め込まれたものとなる。この結果、生涯学習は人生への準備であるとともに、人生の重要な一部となる。こう解釈されるようになったのである。

「労働は一時的な制度的教育で補強されるべきという考えは、働きながら学ぶことと学びながら働くというような、学習を促進する戦略に置き換わる[5]」

こうして、OECDにおけるリカレント教育（再教育）の概念が生涯学習の概念に変更され、経済的な観点と民主教育の観点が接合され、一体化された。

図2　成人学生（25歳以上）の大学（学部）入学者に占める割合

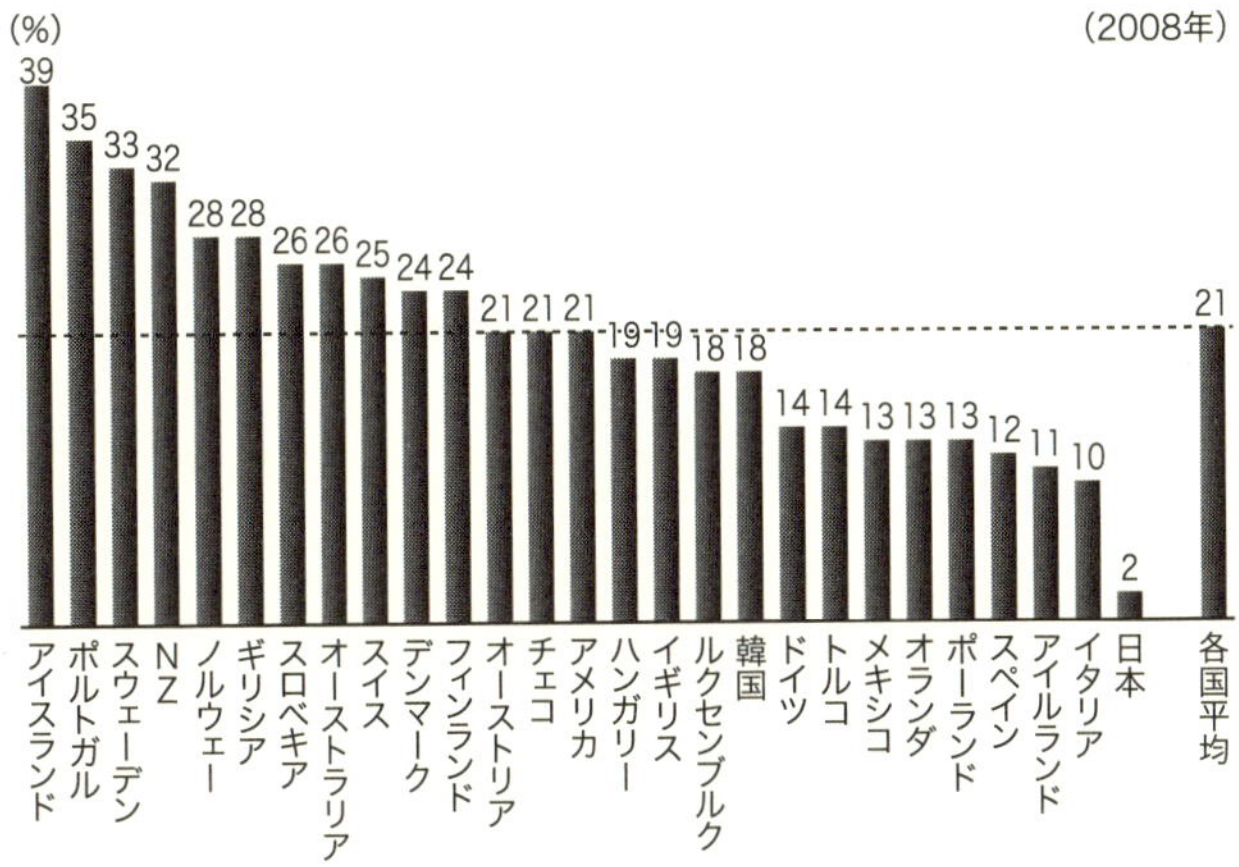

出典：徳永保、籾井圭子『グローバル人材育成のための大学評価指標―大学はグローバル展開企業の要請に応えられるか―』協同出版、2011年、56ページ

「知のヨーロッパへ」が合い言葉

＊実力を付け、そして資格を取る

基礎教育（義務教育相当）後の成人教育は、本人の自主的・自発的な学習が中心になる。要するに、受け身ではなく、自らの主体形成なのである。そのために、基礎教育に求められるのは、自ら学ぶ力を身につけることになる。つまり、学び続ける力と、学ぶ意欲の形成である。当然に、受け身となって、不本意ながら勉強するという学習は否定されるこ

となる。

次に、基礎教育後の教育、いわゆる継続教育ないし成人教育は、自らの能力開発を再度行うことによる再平等化機能として福祉国家では期待されてきた。つまり、学歴が社会的な不平等を固定するものなら、継続教育による学歴差の克服は能力に応じたより公正な社会を実現すると見なされるのである。こうして、学歴競争という名の社会的な不平等を前提にした身分獲得競争を廃止し、教育を学力競争に利用することを中止して個人の自立に向けて再編成するという哲学が、生涯教育の背後には存在するのである。

生涯学習社会の威力を示す1つのデータを紹介しよう。図2のグラフは、大学の学部に25歳以上の新入生がどれくらいの割合で入学してきたかを調査したOECDの資料である。欧米各国がいかに生涯学習社会に突入し、学び続けているか。25歳前に日本がいかにムダな競争をして、学校や社会が子どもや若者の学ぶ意欲を奪っているのかが、一目瞭然である。

＊グローバルな商品となった大学教育

１９９６年になると、「サービスの貿易に関する一般協定（ＧＡＴＳ）」には、学位等の国際的通用性の確保、高等教育の質の保証、国境を越えた高等教育の提供が加えられ、にわかに大学問題は国際的な経済問題に発展した。つまり大学教育は、グローバルな商品として取り扱われることになってしまったのである。日本で国立大学の独立行政法人化が起きてきたのも、この国際的な流れへの対策なのである。

学校教育制度における具体的な能力形成の動きとして注目されるのは、１９９８年５月のパリ大学創立８００年記念式典である。この式典では、「ヨーロッパの高等教育システムの構造の調和に関する共同宣言」、いわゆる「ソルボンヌ宣言」が発せられ、欧州市民の流動性と就職力を高め、ヨーロッパの発展を可能にする「知のヨーロッパ」を構築することが提案されている。この動きは、翌年の「ボローニャ宣言」に引き継がれることになる。

１９９９年６月19日のこと、欧州29ヵ国、行政区分にして30名の教育大臣がボローニャに集合して、ヨーロッパの高等教育の調整を図った。科学の進歩と技術革新に対応するのに、もはや小国の大学や研究機関では太刀打ちできなくなったのである。それでは、どうするのか。

会議の参加国は、オーストリア、ベルギー（フランス語圏）、ベルギー（フラマン語圏）、デンマーク、フィンランド、フランス、ドイツ、ギリシャ、アイルランド、イタリア、ルクセンブルク、オランダ、ポルトガル、スペイン、スウェーデン、イギリス（ＥＵ加盟国）と、アイスランド、ノルウェー、スイス（ＥＦＴＡ加盟国）、チェコ、エストニア、ハンガリー、ラトヴィア、リトアニア、マルタ、ポーランド、スロヴァキア、スロヴェニア、ブルガリア、ルーマニア（ＥＵ加盟予定国）である。つまり、当時のＥＵ以外の諸国も含んで「ボローニャ宣言」が作成された。

　宣言は、「２０１０年までに欧州高等教育圏（ＥＨＥＡ）を確立する」と述べ、ヨーロッパにおける高等教育の転換点を作り出した。そして、高等教育に学位システムと単位制度を中心にした共通枠を構築し、参加各国の大学改革を促した。

「比較可能な学位システムの導入」によって、高等教育の段階では、履修内容、学習知識、学習レベル、学習時間が明示されて、国を越えて教育の質の保証が目指されることになった。また、そのためには、「質保証のための欧州域内協力の推進」の分野で、欧州全域で比較可能な基準・方法論、ならびに評価基準と評価法を開発し、教育水準保証のための協力を促進することになった。

「ボローニャ宣言」承認国は、２年ごとに検討会議を持ち、進捗状況をチェックすることになった。これが「ボローニャ・プロセス」である。検討会議は、最初、フォロー・アップ会議と呼ばれたが、現在ではボローニャ・フォローアップ・グループ（BFUG）会議と呼ばれている。プラハ会議（2001）、ベルリン会議（2003）、ベルゲン会議（2005）、ロンドン会議（2007）、ルーヴェン会議（2009）、ブカレスト会議（2012）と続いている。プラハ会議では、高等教育の質の保証を大目標と確認する共同コミュニケを発している。この会議には、リヒテンシュタイン、キプロス、クロアチア、トルコが参加した。さらに、ベルリン会議では、アルバニア、ボスニア・ヘルツェゴビナ、セルビア・モンテネグロ、マケドニア、アンドラ、ローマ法王庁、ロシア連邦が加盟している。

引き続き、2002年には、言語問題を主要課題にする「ブリュッセル会議」と職業教育を主要課題とする「コペンハーゲン会議」が開催されている。ブリュッセルでは、「欧州言語会議」が、「ボローニャ宣言と言語に関する課題」と題して、言語面で高等教育機関がとるべき方向を審議した。ここで改めて確認された教育目標は、学生は、ヨーロッパ市民としてどの加盟国でも自由に居住し就業の権利があること、そのために複数言語でコミュニケーションができ、必要に応じて、言語のレパートリーを広げる力を持っていなければならないということである。

　このコペンハーゲン会議では、ヨーロッパ諸国とその他教育関係閣僚31名が出席して、職業教育の原理を審議し、「ヨーロッパ・レベルでの協同」の重要性を確認した。すなわち、教育と訓練は、将来のヨーロッパ社会を創造する上で決定的な役割を果たすようになってきていることが確認された。また、「生涯学習と移動性」は、「就職能力、積極的市民性、社会的統合と個人の発達」を促進する上で不可欠のものであること。また、「知識基盤型ヨーロッパ」を発展させ、ヨーロッパ労働市場がすべての者に開放されていること、したがってヨーロッパにおける職業教育と職業訓練がすべての「行動者」にとって主要な課題となっている、ということが指摘された。これが「コペンハーゲン宣言」となる。同宣言の実現過程は、「コペンハーゲン・プロセス」ないしは「ブリュッセル・コペンハーゲン・プロセス」と呼ばれる（現在は、２０１２年と13年の会議を経て、「トリノ・プロセス」に発展している）。

　２００３年のベルリン会議には、旧ユーゴ諸国を含めた40ヵ国の教育大臣が参加している。そこでは、「欧州質保証ネットワーク」を、単位認定だけでなく、履修の蓄積を証明する手段として普及させることも確認された。

図3　フィンランドの教育制度と国際標準教育分類（ISCED）およびヨーロッパ資格枠組み（EQF）に対応したフィンランドの学校教育制度

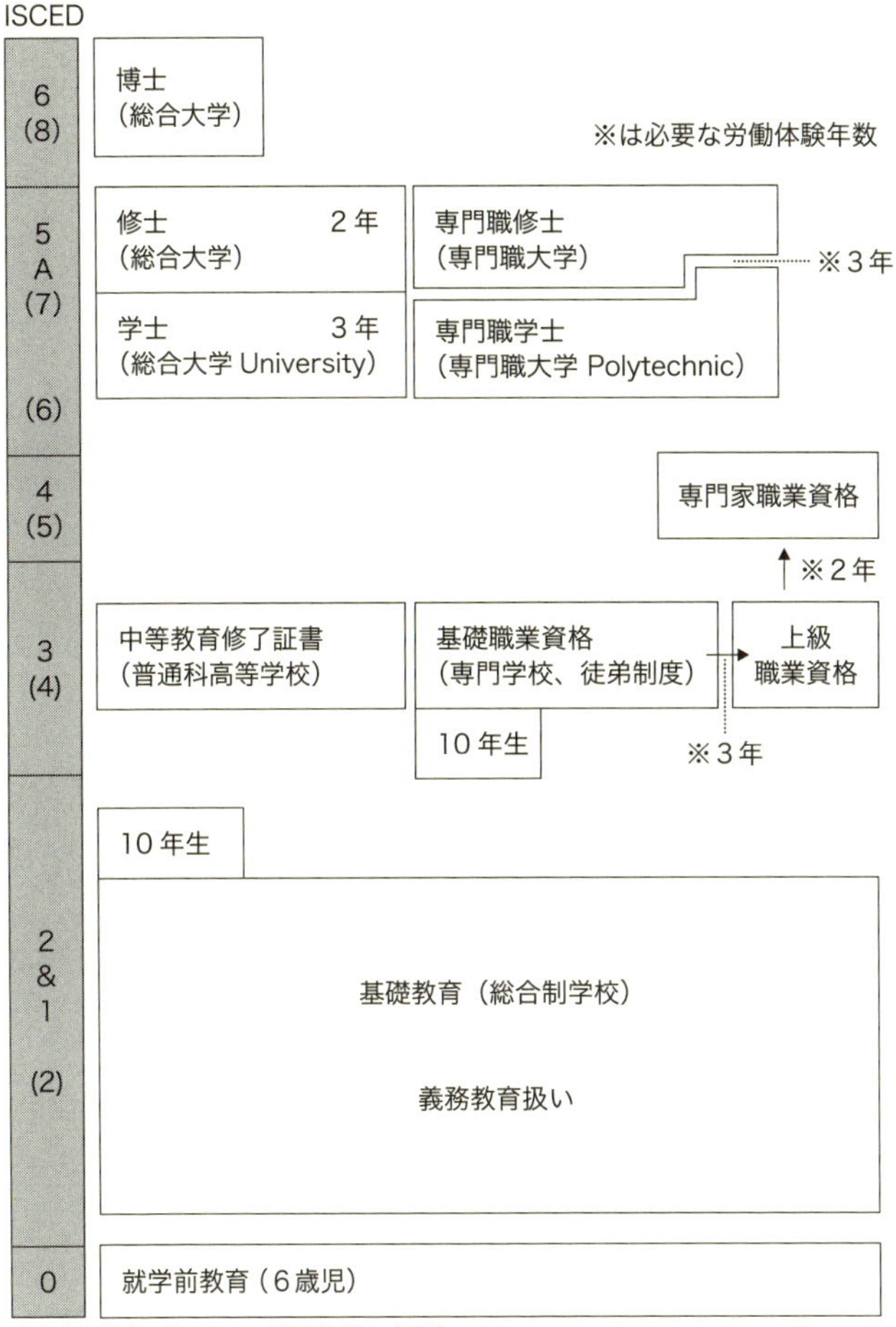

（　）内の数字は「ヨーロッパ資格枠組み（EQF）」

ヨーロッパにおける労働者の移動の自由は１９５７年のローマ条約ですでに規定されていた。しかし、それが現実のものになったのは、つい最近のことである。このような世界の動きは、今や「学力」は、１つの国の中にとどまるものではなくなったことをわれわれに教えている。日本の学力論は、それをどのくらい意識しているのであろうか。

＊自立を目指す教育――フィンランドの場合

「国家カリキュラム大綱は、個人あるいは共同で知識と技能を構築していく過程として学習の概念を定め、それを基礎に構成されている[6]」

このように、フィンランドの基礎教育学校（小学校と中学校）は総合制学校とも呼ばれ、知識・技能の社会構成主義を教育・学習原理として採用している。教師が答えを教えるとか情報を伝達するという教育でなく、子どもが自ら、個人的にあるいは協同して知識や技能を構成していくという活動的・積極的な学習を原点に置き、そのような学習を支援することを教育ととらえている。いわば、子どもの自立を目指す教育である。

表1　2011年の学校数と生徒数

学校の種類	新設	閉鎖	統合	休校	再開	増減	学校数	生徒数
総合制学校	16	-54	-27	-2	1	-66	2719	552400
養護学校（義務段階）	3	-12	-2			-11	118	6200
普通科高校		-3	-3			-6	388	118500
小中高一貫校							39	25400
基礎職業専門学校	3	-1	-5			-3	129	179700
特別なニーズのための専門学校							6	5200
上級職業専門学校							34	20500
成人向け職業教育センター	1					1	26	42600
消防・警察・警備学校							1	300
軍事専門学校			-1			-1	13	---
専門職大学							27	148600
総合大学							16	168300
軍事アカデミー							1	700
音楽学校・学院							88	66700
スポーツ教育施設							14	5300
フォルケ・ホイ・スコーレ	1		-1			0	82	20300
成人教育センター		-1	-2			-3	196	533300
学習サークルセンター							10	39600
夏季大学							20	37200
その他							7	600
合計	24	-71	-41	-2	1	-89	3934	1971400

出典：*Education Statistics. Statistics Finland.* Updated 16.2.2012

図４　学校制度の関連

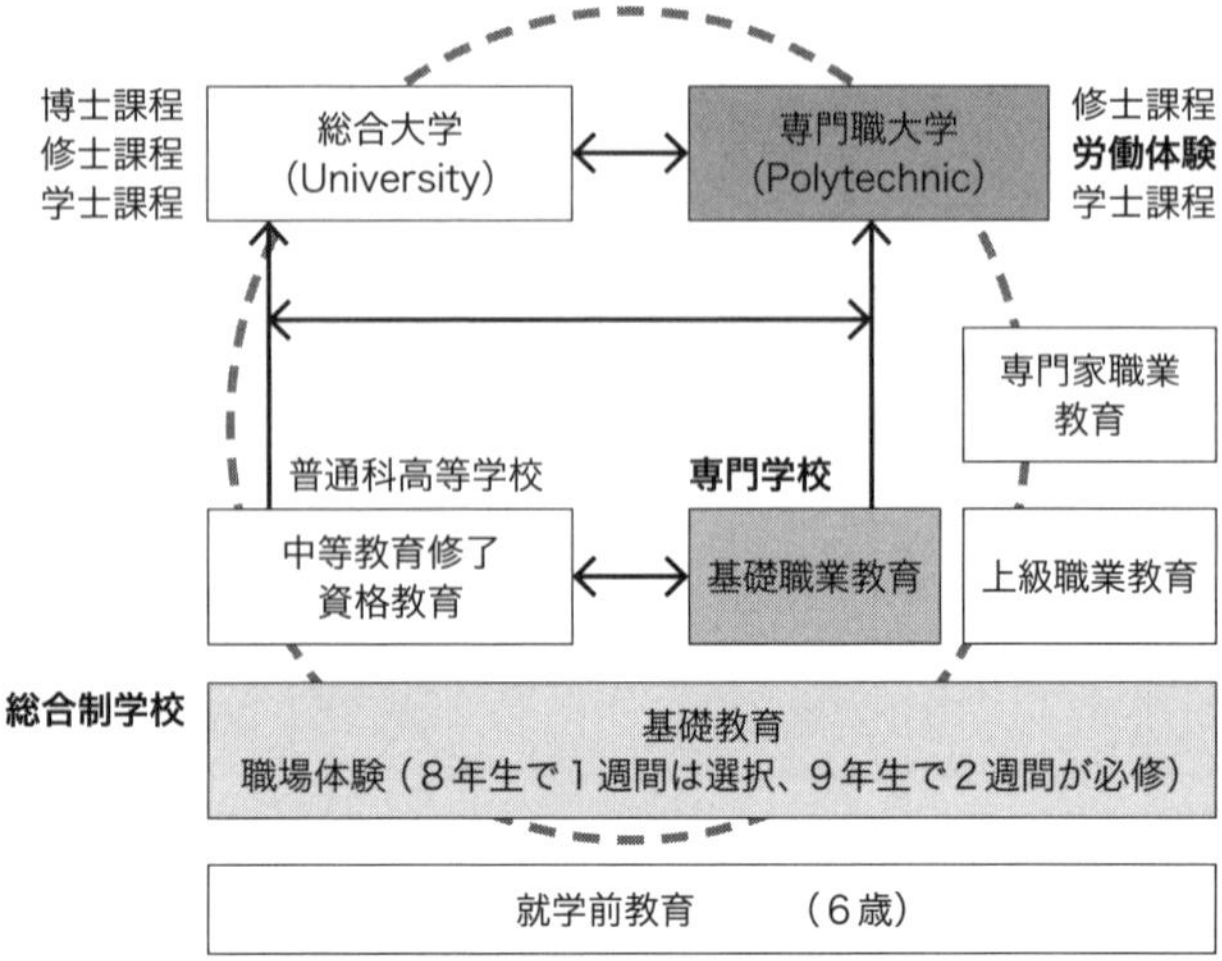

＊学校は職業資格を取得する場

職業資格は３５８種あり、そのうち基礎職業資格（一般職業資格）は53種で、かつては52種であった。学校ではさらにそれが、１２０の学習課程（教育コース）に分けられている。上級職業資格（継続職業資格）は現在１８３種であるが、以前は１８８種あった。また、専門家職業資格は１２３種であるが、以前は１３１種あった。

職業資格の分類が世間一般にまだ浸透しているわけではないようである。２００８年発行の国家教育委員会作成の「職業資格解説書」では、国家教育委員会が、成人職業訓練は約３５００種の資格モジュールで構成できるので、職業訓練を提供する場合には、教育施設が「もっと資格モジュールを利用するように[7]」と呼びかけている。

スウェーデンは高校段階まで総合制学校で統一しているが、フィンランドは高校段階から総合制と専門制との2つのコースに分ける学校制度を作り上げている。これは、中学段階から職業教育を分けるオランダ、ドイツ、スイスなどとも異なる。フィンランドは、ちょうど中間の制度をとりながら、むしろコース相互でいつでも変更できる横のつながりを付けて制度の一体化を図るという解決法をとった。この相互に移動できることが大事なのだと、フィンランドの教育行政の専門家は指摘している。

第2章 小学校から、もの作りの授業

工芸という授業

＊手工科の走りはフィンランド

工芸（craft＝手工、手職）は、紙、布、木、金属を加工して製品を作る技術を学ぶ教科である。日本と違って、フィンランドでは、工芸という教科が、美術とか家庭科とは分かれて存在する。授業時間は、表2、表3（58、59ページ）のように週1〜2時間である。

日本でも、1886（明治19）年から1941（昭和16）年まで、小学校の教科に「手工」というものがあった。小学校といっても、高等小学校の第5学年から第8学年の男子生徒に習わせていた。女子生徒は、裁縫科があった。日本では、1941年に国民学校となった時に、「工作」に変わり、その後、「図画工作」という教科に変わったものである。

日本のモデルは、技術教育研究者の横山悦生によれば、スウェーデンのスロイドという分野（工作科または工芸科）とフランスの手工科だったという。しかも、最初にこの手工科を一般人の通学する普通教育学校に導入した国はフィンランドであって、初等教育制度は１８６６年に成立しているという[1]。

成立当初の教育目的は、「形態と美の感覚を発達させる」「一般的な技能を育てる」というものであった。具体的には、「木工作業、旋盤作業、鍛冶、かご編みなどの作業」とされた。

革新的な１９９４年の国家カリキュラム大綱では、物作りは、単に手先を器用にするということではなく、責任感や他者への思いやりなど幅広い能力を発達させようとしている。

また、ヘルシンキ市のストロンベリ小学校では、表３のように具体化していた。

工芸、工業技術、織物

工芸、工業技術、織物は、どの学年でも、性別に関係なくすべての生徒に対して行われる統一教科である。ここではこの統一教科を工芸と名づける。工芸は、すべての生徒に共通な場合とともに、異なる分野に焦点を当てて適用することができる。

共通と分化学習のオプション

工芸は全面的な教育を提供し、手と頭脳の技能を発達させ、働くことを教える総合制学校の教科である。工芸教授の価値基準は、倫理学、環境学、美学と経済学、安全な作業習慣、責任感、他者への思いやりと生徒の全面発達を尊重する認識である。

工芸製品を企画し、作り、選ぶ中で、生徒は理論的情報を実践に応用することを学ぶ。その狙いは、生徒が日々の生活を送る上で必要な、基本的技能を習得することにある。

工芸では、学習は生産活動が基礎となる。この科目の目標は、アイディアの始まりから最終的製品を作り出すまでの間に、生徒の創造性、思考、自尊心が成長する作業プロセスを経ることにある。生産過程では、自分の生活管理と環境が必要としているものについて考える。

工芸の学習では、具体的な行為により、責任感、主体性、創造性、忍耐力、肯定的自己像が発達する。生徒たちは製品を企画し製造する中で、問題を観察し解決し、技術が提供する手段を使うよう指導される。

目標と主な内容

工芸を学ぶ目標は生徒が以下のようになることである。

・工芸に関連した文化的伝統を身につける。
・美、倫理、経済価値を考慮して計画と行動を伴う統一体を習得する。
・地方、国、世界の工芸文化を尊重し、継承し、発達させるようになる。
・自分がデザインし、美的で良質の機能的な製品を作るようになる。
・材料を選択し、多様な道具を用いて、合理的な方法で作業するようになる。
・実際に適用できる多様な技術を身につける。
・問題解決に向けた準備、革新、修理に通じるようになる。
・安全な学習環境の中で学ぶことで、技術環境に対処し、健康に対して積極的態度を身につけ、安全に作業することができる。

・プロジェクト型の作業の中で、目標と問題解決に向けた方法をとるようになる。
・伝統的かつ現代的な技術、材料、道具と方法に関した知識と技能を自ら獲得する。それらを日常生活、さらなる学習、仕事、趣味の中で使うことができる。

学習の性質と教授の出発点

教授は多様なトピックスとプロジェクトの形で行われる。

工芸を教える目標は、材料、道具、作業習慣についての広い、伝統的かつ現代的な技術の知識を得ることである。生徒は異なる計画と問題解決法を使うことで、作業を評価し、製品の寿命を覚え、継続可能な発展の法則を身につける。製造の過程では、生徒も教師も絶えず環境と文化と自然の価値を考えながら行う。

工芸の性質そのものが、製品のデザイン、製造過程、製品の製作を備えている。製造過程の基本は絶えず作業とその結果を評価し続けることである。生徒は自分の作業に対するフィードバックを受けながら、独立してあるいはグループで仕事をする。

工芸の学習の基礎は、異なる材料、道具、技術を使いながら行う創造的な問題解決である。生徒の年齢、能力、姿勢が教授—学習という過程で相互作用に影響する。

手を使う技能、意識的な観察、デザイン力、創造性を要求する手段を用いることで、生徒の個人的な成長が促進される。これらはフィンランドの文化と自然、科学技術の働き、社会と自然環境に対する責任に基づいたものである。

工芸の科目は、当然ながら、環境教育と結びつき、持続可能な発展の原則を促進する。

出典：フィンランド国家教育委員会『１９９４年国家カリキュラム大綱』より

表2　2004年「国家カリキュラム大綱」教育課程表

<table>
<tr><th rowspan="2">科目</th><th colspan="9">学　　年</th><th rowspan="2">合計</th></tr>
<tr><th>1</th><th>2</th><th>3</th><th>4</th><th>5</th><th>6</th><th>7</th><th>8</th><th>9</th></tr>
<tr><td>母語と文学</td><td colspan="2">14</td><td colspan="3">14</td><td colspan="4">14</td><td>42</td></tr>
<tr><td>外国語（A言語）</td><td colspan="6">………… 8</td><td colspan="3">8</td><td>16</td></tr>
<tr><td>外国語（B言語）</td><td colspan="9">………………………………… 6</td><td>6</td></tr>
<tr><td>数学</td><td colspan="2">6</td><td colspan="3">12</td><td colspan="4">14</td><td>32</td></tr>
<tr><td>環境

生物・地理
物理・化学
健康教育</td><td colspan="4">環境・自然史
9</td><td colspan="2">

3
2</td><td colspan="3">

7
7
3</td><td>31</td></tr>
<tr><td>宗教/倫理</td><td colspan="5">6</td><td colspan="4">5</td><td>11</td></tr>
<tr><td>歴史・社会</td><td colspan="6">…………………… 3</td><td colspan="3">7</td><td>10</td></tr>
<tr><td>芸術・実技
　音楽
　美術
　工芸
　体育</td><td colspan="4">26
(4-)
(4-)
(4-)
(8-)</td><td colspan="5">30
(3-)
(4-)
(7-)
(10-)</td><td>56</td></tr>
<tr><td>家庭科</td><td colspan="9">…………………………… 3</td><td>3</td></tr>
<tr><td>職業ガイダンス</td><td colspan="9">…………………………… 2</td><td>2</td></tr>
<tr><td>選択科目</td><td colspan="9">(13)</td><td>13</td></tr>
<tr><td>最小授業時間数</td><td>19</td><td>19</td><td>23</td><td>23</td><td>24</td><td>24</td><td>30</td><td>30</td><td>30</td><td>222</td></tr>
<tr><td>自由選択（A言語）</td><td colspan="6">………………… (6)</td><td colspan="3">(6)</td><td>(12)</td></tr>
</table>

出典：Finnish National Board of Education. *National Core Curriculum for Basic Education 2004*. Vammala, 2004, p.302.

表3　ストロンベリ小学校のカリキュラム（中学校部分は予想として書き込んである）

科目	学年									合計	国家カリキュラム大綱との比較
	1	2	3	4	5	6	7	8	9		
フィンランド語	7	7	6	5	4	5			9	43	3-5学年で+1
外国語A1言語			2	2	2	2			8	16	
自由選択A2言語				2	2	2			6	12	
外国語B言語									6	6	
数学	3	3	4	4	4	4			10	32	
自然環境 生物・地理 物理・化学 健康教育	2	2	3	3	 2 1	 1 1			 7 7 3	32	+1
宗教/倫理	1	1	1	1	2	2	3			11	
歴史・社会					1	2	7			10	
音楽 美術 工芸 体育	1 2 1 2	1 2 1 2	1 2 2 2	1 2 2 2	2 2 2 2	2 3 2 2			1 2 3 6	55	-1
家庭科									3	3	
職業ガイダンス									2	2	
最小授業時間数	19	19	23	23	24	26	30	30	30	224	+2
（国家カリキュラム大綱との比較）						+2					

小学校の授業の様子

(1)ストロンベリ小学校

ストロンベリ小学校は、フレネ教育を実践しようとして、企業の研修所の建物を教室に改造して、2000年に開校した。筆者が2005年12月と2006年9月に訪れた時、生徒は200人で、各学年を半分ずつにしてわざと複式学級が作られていた。成長を把握して、2年の長さで対応を考えられるからだという。

フレネ教育という、手作業を重視する活動的な教育(workshop study)にはもってこいの条件であった。かつてフランスのフレネ(Célestin Freinet, 1896-1966)が印刷機を入手して始めたこの労働教育は、ここフィンランドで、パソコンを使って絵と文字を取り込んで編集し印刷するという現代の姿に変身を遂げていた。子どもたちは、木工をしたり、本の出版をしたりするなど、たくさんの労働（手作業）をしている。

校内には、冬でも植物が育つ温室、コーナーには読書のためのソファが置かれていて、チェステーブルもある。地域社会とのつながりも強く、親が出向いてきて物作り作業の指導をしたりする。子どもたちは、遠足と称して地域の自然の中に出かけて行って、自ら体験してくる。近くのマラウィ湖の環境保全運動にも、理科の時間などを使って毎年参加している。このあたりも、フレネ学校らしい活動である。

校長のパイビ・リストライネン・フスによれば、フレネ学校の特徴は、共に実践し一緒に生活すること、「為(な)すことで学ぶ（learning by doing）」こと、「地域指向」の授業で公開・開放の原則をとり、外の世界と結びつくことだという。フレネ教育は、低学年から生徒の活動を重視しており、現在のフィンランドの教育をより徹底しているのだという。

子どもたちは、自分で情報を集めてノートに書き取り、たくさんのノートをリュックサックに詰めて学校にやってくる。教科書を教えるような授業はほとんどなくて、このノートが教材となる。そして、子どもたちが自ら動き回って情報を集め、教師からアドバイスを受け、他の生徒と協同し、時にはソファで休憩しながら、授業が進んでいく。知識は自分たちが作っていくものだという「社会構成主義」の原則が生かされている。クラスの雰囲気は活発で、教師が生徒を引き回す必要はまったくない。教師は、子どもたちの学習進度を見ながら、それぞれのグループに適切な課題を与えていく。

フィンランドでは教科書検定はなく、教科書はたくさんの人の手になってできている質のよい教材と考えられており、教科書に書いてあることを教えなくても、また教科書に書いてないことを教えてもよい。

ストロンベリ小学校では、教師には、小学校担任の免許と中等教育の科目の免許との両方を持った者を集め、それぞれの得意な分野で活動的教育（ワークショップ）を行っている。限られた教師で授業時間を作り出すため、学年を越えてまとめられる授業を作り、そこで浮いた教師を少人数の活動的教育に充てる。たとえば、1～3年生までを集めて合唱指導をする場合、2人の教師でこなせば1人の教師が浮く。これを4～6年に投入すれば、少人数の活動的教育が実現するのだという。参観した2005年12月、2、3年生合同で工芸の授業をしていた。作品別に部屋が分かれ、工作室では8人の生徒が紙細工をしており、銀紙をボール紙に貼り付けてクリスマスの飾りを作っていた。

子どもたちは、学校生活を維持する仕事もこなしていく。これも学習と考えられている。

星形にボール紙を切って。

学校用工具セット。スウェーデンの会社が市販している。

銀紙を貼り付けて。

子どもたちが相談しながら作業が始まる。正面のガラスの向こうは、ドリルなどの工作機械室。

グループに分かれて、学校菜園、図書館、使用済み用紙集め、リサイクル、生ゴミのコンポスト、学校の敷地の掃除や水族館の世話、給食の手伝いなどを、学校の掃除人、料理人、用務員、学校事務員の協力を得てこなしていく。これは、学級担任の指導範囲ではない。むしろ、仕事の内容は違うけれども、学校にいる人々はそれぞれ意味があり、共に学校を作っていることを知ることが重要だ、というのが校長の説明である。

とがったドライバーで穴を空け、ひもを通す。クリスマスの飾りができ上がり。

先生はといえば、危険がないかと見ているだけ。

でき上がったら教室の隅にぶら下げて、次の星を作り始める。学校の生徒全体に配るくらいに、大量生産する気らしい。

水族館を覗いてみると、何のことはない、熱帯魚と亀がいるくらいだ。動物を飼うことは、アレルギー反応を示す子どもがいて、好ましくないと判断されているそうだ。

校長の示すフレネ学校の原則は、民主主義を子どもたちに実践させることにもつながっている。たとえば、ある公園に遊具がほしいということを子どもたちが考えつくと、クラスで決め、学校の生徒会に持ち込んで提案として作り直し、毎年5月には市議会の議場を借りて市内生徒会大会があり各校の提案を審議する。そこで決まれば実現する。子どもたちは、大人と同じ社会のプロセスを踏むことで、民主主義の仕組みを学んでいくのだ。これが、子ども参加ということなのだと、校長は説明していた。

(2)スオメンリンナ小学校

２０１０年３月に筆者が訪問した、全校生徒60人という小規模校スオメンリンナ小学校では４年生が、自分用の枕カバーを縫っていた。小さな針山は、３年生の時に縫ったものだそうだ。それを使って、今年は枕カバーに挑戦。

まず、カバーに縫い付ける図柄を決め、実際に紙に描いて、そこに布地をピンで留め、布地の名前を書き込んでおく。色合わせが大事だ。次に、紙で型を作り、それに合わせて布を切る。「端の方からこうやって上手に合わせるとムダが少なくなるよ」と先生が手を添える。

複雑な図柄を考えると、２重３重に縫い付ける必要が出てくる。大きな図柄だと、ミシンを使って仕上げる。

それぞれがマイペースで作業。

3年生の時に作った針山。1年経って出番が。

▼

速い子は、どんどん進んでいく。

ライオンを縫い付けよう。使う布の色は6色となる。

うん、なかなか進まないわい。普段の授業は複式で学級担任が見る。この時間は、縫い物の担当の先生に代わってもらい、補助教員を入れて、さらに助手がついていた。生徒は8人。

こんなふうに端に当てて切るのよ。

２０１１年８月の訪問では、同小学校の全校生徒は56人だった。４年生は、サウナ風呂で使うお湯をかけるひしゃくを作っていた。この日の生徒は５人。力仕事を含めて、男女同じ作業を経験する。

まず、全体の設計図を書き、どのような作業が必要かを把握する。作業の１つは、持ち手の部分で、これは円柱の木の棒を切って穴を空ければよい。表面加工は、サンドペーパーで仕上げるが、粗さの違う３、４種類のものを使い分ける。電気ごてで焼きながら、自分の名前や愛称を書き込む。

次に、おたまの部分であるが、これは銅板を円形に切り、端を丸めて安全にした後で金槌でたたいてお椀形にくぼみを付ける。金槌も２、３種類あり、丸みを持たせたり、模様を付けたり思い思いに加工する。柄に固定するため、リベットで止める穴を２つ空ける。

一番の難作業が柄の部分で、これは四角柱の鉄棒を適当な長さに金のこで切り、一方の先を電動砥石でとがらせる。こちらが、持ち手部分に差し込まれる。柄の途中は、適当に曲げて模様を付ける。残った端は、平たくたたいてリベットで止める穴を２つ空ける。おたまと柄の両方の穴がぴったりと重なるように空けなくてはならない。また、適切な位置に空けないと、強度が保てない。

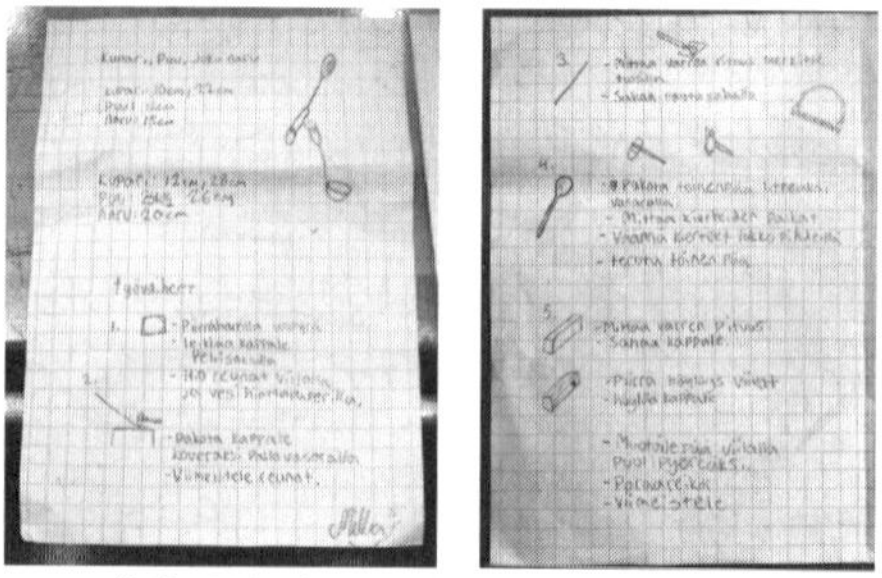

作業手順を書いた仕様書。各自がこれを書く。

▼

専用の金具を工作台の穴に固定してたたく。

これが見本。

▼

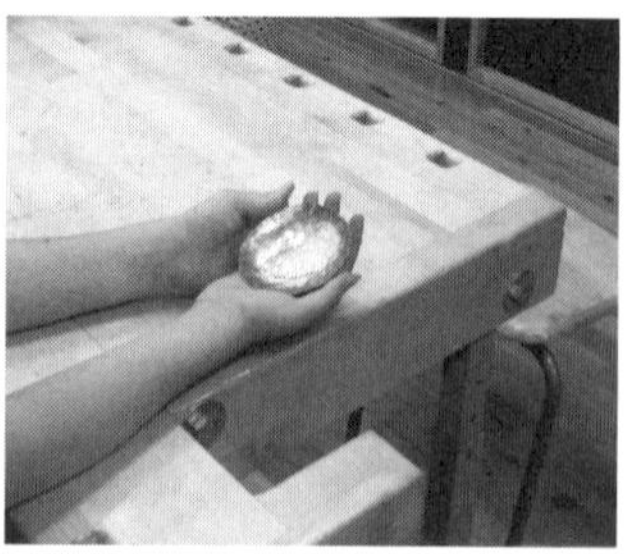

時々丸みを確かめる。

2つの金槌に挟んでたたいている。

ガァー、ガァー、チーンという音だけでなく、実際に火花が出てくると、迫力がある。

どこまで作業したかをチェックする。

▼

鉄棒を万力に固定して、2本のレンチで挟んで鉄棒を曲げる。相当に力の要る作業のようだ。

鉄棒を切る作業に入る。どこで切るか、長さを決めているところ。

今日の授業はここまでにして、反省会。

各自の作業を中断させて生徒全員を集め、先生が次の作業方法を説明する。電動砥石で鉄棒をとがらせる作業。「キャー、イヤー」「こわ〜い」と叫び声を上げる子も。

授業の終わりは、握手をしてさようなら。「ちょっと、来週までに忘れるなよ」と先生が指示。

最後に、リベットで止めてでき上がり。

(3) ペルッチラ小学校

2007年9月に筆者が訪問したのは、中規模校、エスポー市のペルッチラ小学校だった。作業スペースは、木工、金属加工、焼き物など、4ヵ所ほどに仕切られていて、壁がガラス張りで先生が作業を見通せるようになっていた。布の加工は、別の教室である。

教室のカーテンが有名なファッションメーカーのマリメッコになっているところが、うらやましい。教室にも一流デザインが取り入れられ、子どもたちのセンスが磨かれる。

部屋のカーテンは、マリメッコ。

笛を入れる袋を作る。日常的に自分が使うものを作るのが基本。長さを合わせて、縫い代を加算しておく。

▼

小学生が使う電動ドリル。各種の刃が揃えてある。作業が見通せるように、仕切りは透明のガラス。

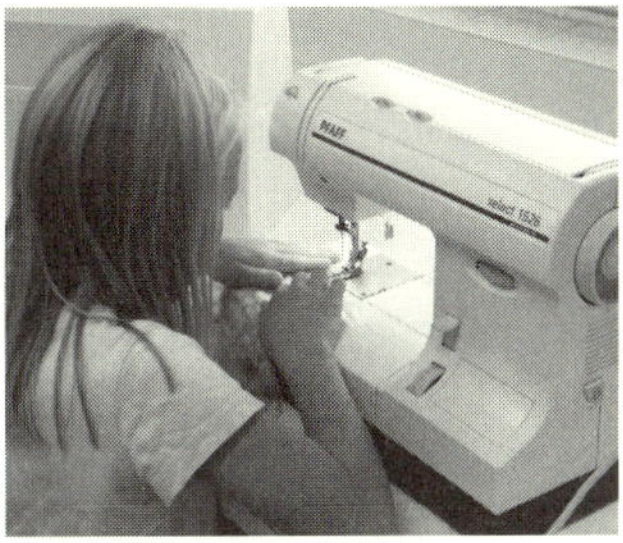

ミシンで縫い止める。

陶器を焼く電気窯。どの小学校にも揃っている。

(4)スオメンリンナ小学校の修学旅行

スオメンリンナ小学校の校長先生は、1年生と6年生、2年生と5年生、3年生と4年生を組んで複式学級を作るとよいという持論を持っている。上級生が世話をしながら学び、やがて下級生が成長して今度は責任を持って世話をする立場になるという。ところが、知的障害を持った男子が入学してきたので、ユッタ校長は6年間持ち上がりでこの子の担任をすることにした。校長先生はクラス編成の信念を曲げて、下の学年と複式の組み合わせを5年間固定し、2012年6月、この少年は卒業する。そこで記念に、今まで一緒にやって来たクラスである5、6年生が5月に旅行に行こうということになった。

フィンランドには修学旅行という行事はない。したがって、市からの補助金も親の支払いも一切ない。市の教育委員会の方針は、学校が独自にやるのならやってよいというだけだ。旅行費用は自分たちで作らなくてはならない。

まず、市のクリスマスイベントに参加して金を稼ぐことにした。これは、市と直接ではなく、請け負ったイベント会社と契約したという。12月の土日、市民や観光客が集まるへルシンキの目抜き通りで、子どもたちはキリスト誕生の劇をやることにした。毎年4、5回、3年間演じて、3000ユーロ（約35万円）を集めた。ある時、劇をやっていると、警察がやって来て「フィンランドでは物乞いは禁止されています。ただちに中止しなさい」とマイクで叫ばれ、「これは物乞いではない」と叫ぶ校長先生と口論になった。でも、口論をそっちのけで、雪の降りしきる中、子どもたちは劇をやっていたという。

4、5、6年生と劇をやって、いつも全員が参加したわけではないが、子どもたちはそれぞれのスケジュールで参加して、稼いだお金は均等に割ることにする約束にしたという。

その他、島の地域新聞を配って200ユーロ、大量に安く仕入れた靴下を売ったりして、なんとか資金を獲得した。

この資金で、何日間、どこまで行けるか、何をするか、先生と子どもたち皆で考えたという。結局、4日間かけて、バスで、フィンランドの西南端にあるロサラ・バイキング・センターに行くことに決めた。

3月26日（月）、筆者が訪れると、朝の1時限目は、来客歓迎のお茶の時間となった。去年から、よい行いがあると「表彰パーティ」をすることにしたという。7、8人の当番が1品持ち寄りで、子どもたちが何かを作ってきていた。

「月曜日の朝、お菓子で始まるのはいいわね」

「毎週、フクタ先生が来てくれるといいのにね」

と校長先生が子どもたちに話しかけている。

2時間目は算数の授業。その後、給食を食べた長い休みの時間に、チアリーダーの成果を見せたいという子どもたちがいた。島のこの子どもたちは毎週船でヘルシンキ市内に渡って、3つほどのクラブに参加しているが、習ったことを持ち寄って、学年を越えて1つのチアリーダーサークルを校内に自主的に作ったのだという。

3時間目の授業は、修学旅行の持ち物を確認していた。校長先生が、持って行かなくてはいけないもの、持って行くべきかよく分からないものとを分けて書き出したメモを見ながら、1つずつ意見を聞いていった。意見を言いながら、考え、自覚させようというものである。決めがたいものでも、問題点が分かっていれば、何かが起きた時に対処できるだろうというような対応だ。

「携帯電話はどうする」

と校長先生。

「使い方はともかく、持って行ったほうがよいと思います」

「一度に充電できる場所はあるのですか」

「使ってはいけない。ＳＩＭカードを取っちゃえばいいじゃないか」

「ケータイがないと不安なんです」

と、子どもたちがめいめい意見を述べる。校長先生が、

「でも、キャンプに行くのだから、ケータイを使わない生活を経験したい」

と言うと、

「時間の確認にも必要なのではないですか」

と子どもたちが訊く。

「キャンプに行く意味は」

と校長先生が食い下がると、

「いや、これが現実なのです」

と小学生の子どもが突き放す。

どうも、持って行ってもよいが、ある種の使い方はしないという解決になりそうだった。考えるプロセスを踏むことで、問題解決能力も身につくということらしい。

子どもたちが演じた劇の様子。

月曜1限、お茶の時間。食べ物は持ち寄り。ユッタ校長と、この時間に付いた特別支援の先生。子どもたちは、5、6年生の複式学級。

子どもたちが持ち寄ったお菓子。親と一緒に焼いたらしい。自分のマグカップに紅茶かコーヒーを入れる。誰かがネコヤナギをコップに立てた。

いつも修学旅行をするのですかと尋ねると、「これは難しい。子どもたちにやる気があって、親がよほど理解してくれないとできない」と校長先生が答えた。障害のある少年と関わり、五年間同一クラスで共に成長してきた5年生と6年生、子どもたちにその苦労と優しさ、結束力がついているから、この子どもたちならできると校長先生が見抜いたということらしい（その後、この少年は中学進学を一年遅らせて、島の小学校に残っていた）。

第3章　中学校のもの作り

自分に合った専門性を身につける

(1)ユヴァスキュラ大学付属中学校——最新のテクノロジーを使う

2011年8月に訪問したユヴァスキュラ大学付属中学校。1年生の工芸の授業では、何かの台座を作っていた。台とする木板の大きさに合わせてアクリル板を切り、ドリルで部品を取り付ける穴を空け、熱を加えてアクリル板を折り曲げる。木板には、電気ごてで自分の名前を彫りつける。アクリル板の保護シールをはがして、木板に取り付ける。装備されているサンドペーパーは8種類あった。段階に分けて使い、細かく仕上げていく。

先生は、2年生の女子生徒が作ったジュエリーボックスを見せてくれた。扉を開けると、LEDライトが自動点灯する仕組みになっている。これはこの子のアイディアだが、

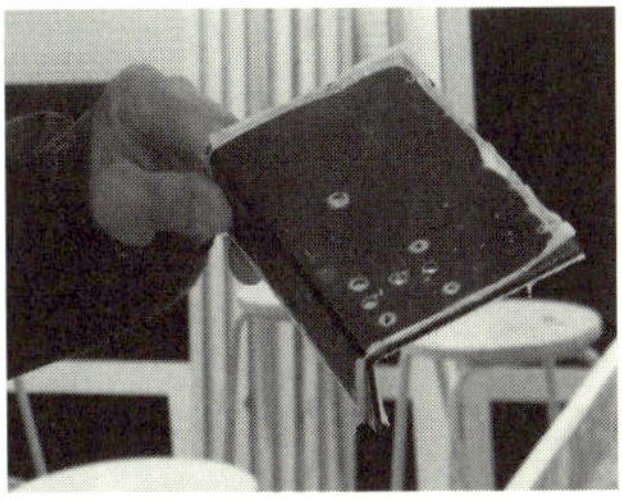

熱を加えて直角に曲げる。

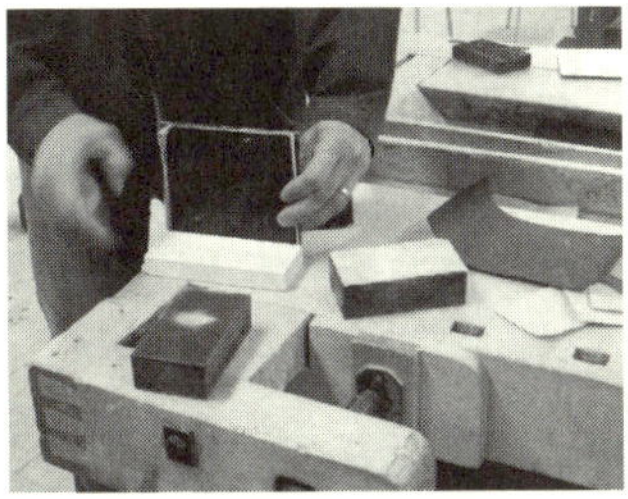

アクリル板を保護シールを付けたまま木板の大きさに合わせて切る。切り口は、サンドペーパーをかけて丸める。

▼

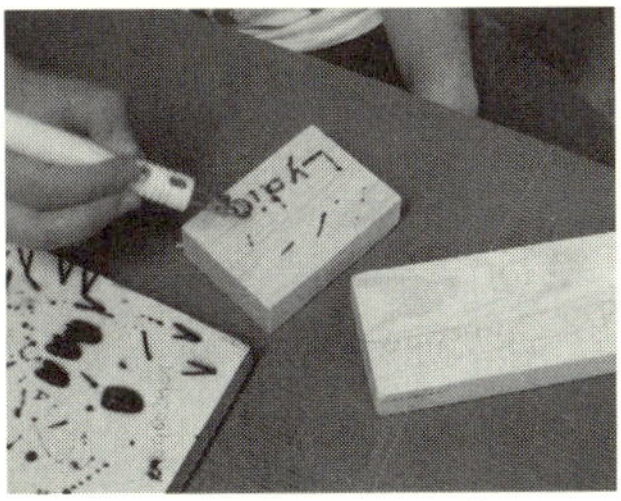

電気ごてで、木板に書き込む練習をしているところ。

紙やすりの種類も半端ではない。上下2段、8種類のサンドペーパー。トイレットペーパーのようにロール式になっていて、切り取って使う。

上級生の作ったジュエリーボックス。左側に4個のLEDライトが配置され、左下に電気のスイッチがあり、扉が開くと、スイッチが入る仕組み。

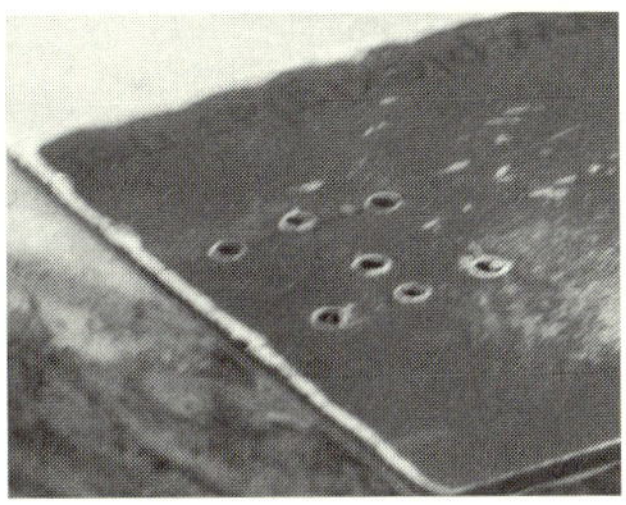

部品を取り付ける穴をドリルで空ける。

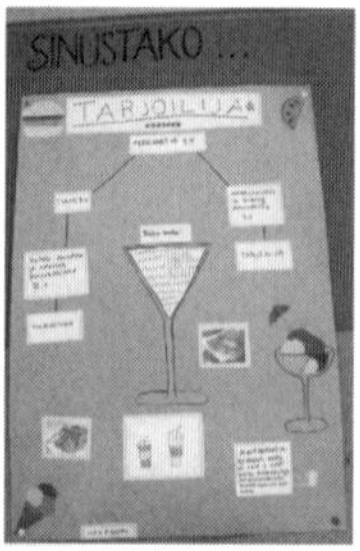

ウェイトレスになるには。キャリア形成に関して調べ、学習発表。

先生が一輪車を改造して作った自転車。

「世の中の変化に合わせて最新のテクノロジーを使うんだ」と、先生の話。

工芸担当の先生は、空き時間を利用して、一輪車を改造して自転車を作った。これは生徒たちに受けたという。

廊下には、調べ学習の報告書が掲示してあった。「ウェイトレスになるには」必要な能力があること（図の中心部のグラスの中に記載）。普通科高校に進んだ場合、資格を取るためにさらに2年間、専門学校に通わなくてはならない（図の左のルート）。中学卒業後、すぐに専門学校の関連コースに入った場合には、3年間かかる（図の右のルート）。ウェイトレスは何をする職業か、楽しく定義してある（図の右下部分に記載）。

この大学付属学校は、特別な選抜はしておらず、地域の子どもたちが通っていて、卒業生は様々な道に進んでいく。

教科書と新聞記事を開いて、勉強をすませてから、いよいよ料理。

編み物をしているグループ。

フライパンで炒める。

料理は、男子生徒に人気がある。

でき上がったら盛りつける。

調理室は、家庭感覚の作り。

教室の一角で、でき上がった料理を家庭と同じ雰囲気で食べる。どの人が先生なのかよく分からないくらい。ラジカセをかけて、音楽を聴きながら料理していた。

(2)ラウッタサーリ総合制学校——一人でも生活できるように

２００９年9月、基礎学校と普通科高校が一貫している私立学校を訪れた。私立といっても、授業料や生徒支援費は公立と同じ扱いなので、違うところは地方自治体の教育委員会に属さないということくらい。

中学の家庭科の時間。この時間は、グループに分かれて編み物または料理を選択していた。料理は、男子生徒に人気が高い。中学生になると自分で食事を作るようになり、19歳になったら一人暮らしをするのが普通である。この日のメニューはきのこ料理。身のまわりには毒きのこもあるので、教科書の他に新聞記事などにも気を配る。学校の調理室は、家庭感覚で作ってある。

(3) 中学校の社会科——働くこととは?

中学校では、3年間に歴史・社会の授業が、1994年の国家カリキュラムでは6時限分、2004年の国家カリキュラムでは7時限分を標準としている。

1994年には、学習指導要領に相当する国家カリキュラムには、「歴史と社会科」と区分けされないで書かれている。ところが、2004年になると、「歴史」と「社会科」は区別され、詳しく説明されている。

社会科

社会科の教育課題は、生徒を将来の積極的で責任ある一員になるように案内することである。基礎教育の7年生から9年生までに教授される社会科は、社会の構造と運営、ならびに影響を及ぼす市民の機会に関する基本的な知識と技能を提供しなくてはならない。教育の目的は、生徒が寛容的で民主的な市民に成長することを支援し、社会的行為を経験させ、影響を及ぼす民主的な経験を与えることである。

教育目標

生徒は、

社会的本質という理念を獲得する。

社会生活と経済生活に関する情報を批判的に獲得し、活用すること、および積極的に影響を及ぼすことを学ぶ。

公的サービスを知る。

労働の適切な価値を学ぶ。

起業家精神の基礎を学び、それが社会の福利の源泉として重要なことを理解する。

市民生活の社会的決定の効果を理解するようになる。

社会参加と影響を及ぼすことに興味を持つ。

責任ある消費者であり社会の一員として能力を試し、発達させる。
自己の行為の法的帰結を知る。

中心内容

教科の領域はフィンランド社会と経済的生活、それに欧州連合である。

①コミュニティの一員としての個人
家族、コミュニティの異なるタイプ、マイノリティの文化と下位文化。
郷里の自治体で、北欧諸国で、欧州連合で、市民として行為する個人的機会。

②個人の福祉
福祉国家の様々な次元。
平等、持続可能な発展、福祉を促進するその他の方法。

③影響を及ぼすことと意思決定
市民が影響を持つ機会。
民主主義、選挙、投票。
自治体、国、欧州連合で政治的および行政的な一員。

メディアと社会的影響。

④市民の安全

法制度、個人の権利と義務、法的責任。

交通安全。

安全保障政策、すなわち外交政策と国家防衛。

⑤自己の財政管理

個人財産を管理する原則。

労働と起業家精神。

⑥経済

消費者および経済人としての個人と家族。

外国貿易とグローバルな経済の重要性。

⑦経済政策

経済サイクルにおける不安定さ、すなわち失業、インフレ、それが家庭に及ぼす影響。

税と公的財政。

8年生の最終評価基準

①社会的情報の獲得と活用

生徒は、

メディア情報、統計、グラフを批判的に解釈できること。

社会問題に関する理念を根拠付けられること。

社会的意思決定と経済的解決の様々な道と、それらの帰結を比較することを知る。

②社会的情報の理解

生徒は、

社会的意思決定と経済的解決にはたくさんの道があることを理解すること。

社会活動と経済活動に関する倫理的問題を理解すること。

出典：フィンランド国家教育委員会『２００４年国家カリキュラム大綱』より

この国家カリキュラムに基づいた中学校現代社会教科書の1つ、『15歳　市民へのたびだち』(OTAVA社) が日本語に翻訳されている。

第1章は、「個人─コミュニティの一員」となっていて、その第5節は、「フィンランド人はみな同じではない」となっている。日本だったら、日本人としての同調性を強調しがちだが、フィンランドには多様な民族と多様な言語が使われていることを説明している。そして、第6節は「お隣は必ずしもフィンランド人ではない」と展開していき、自分たちが進み出ていく現実の社会が率直に語られている。

第2章は、「快適な福祉国家」となっていて、フィンランドを福祉国家と説明し、「私たちは、すぐれた教育・医療サービスに慣れています。社会にはセーフティ・ネットがあるため、予期しない失業や病気という事態になっても、そのようなサービスに頼れることを、私たちは知っています[1]」と確認している。そして、所得の再配分という論理が説明される。

医療保険の説明も、この教科書ではきわめて具体的だ。カッレという少年が朝寝坊したためにスポーツクラブに遅れないように自転車を飛ばしたところ、国道をくぐるトンネルに入るときに母親と幼児の親子連れと鉢合わせして、その拍子にラケットが車輪に挟まり転倒してしまう。幸いにも母親が携帯電話ですぐに救急車を呼んでくれたので救急車で救急外来に運ばれる。

この時の治療費は、次のような明細になっている。救急車の出動費用が、カッレの負担額9・25ユーロ、社会の負担額65・75ユーロ。救急外来の診察料が、カッレの負担額22ユーロ、社会の負担額60ユーロ。病院の入院費がカッレの負担額78ユーロ、社会の負担額810ユーロ。レントゲン写真が、カッレの負担額22ユーロ、社会の負担額100ユーロである。実は、もう少し複雑な計算になるのだが、合計するとカッレはこの事故で131・25ユーロを直接支払い、社会保険からは1035・75ユーロ補填される。そうなると、社会保険の「お金は足りているだろうか」と教科書は語りかけ、「健康についての個人の自己責任とは何だと思いますか」「自分の健康管理をしていない人を社会の費用負担で助けるべきでしょうか[2]」と問題を投げかけている。

全体を通した第11節は、「教育を受けることで競争力を身につける」となっていて、学歴別の就職率が紹介され、生涯学習社会になったことを説明し、生徒に対して次のように問題を提起する。

「学校が無料でないとすれば、どのような出費があるでしょうか。あなたの学校教育の費用は誰が払っているのでしょうか」

「これから何年間勉強する予定かを予想しなさい」

「なぜ勉強する価値があるのでしょうか。あるいはなぜ、する価値がないのでしょうか」

「あなたの職業選択では、何が基準でしょうか[3]」

教科書の第3章は「個人の家計」となっていて、全体の第19節が「働くことのルール」、第20節が「起業家精神が必要」となっている。ここでは、雇用関係と雇用契約、就労証明書などが説明される。生徒へは、「知っている企業の名前を挙げ、それらがどのような企業形態であるかを調べなさい」というような設問も用意されている。

第4章は「政治的な影響力と意思決定への参加」というタイトルになっていて、その初め、全体でいうと第21節は「真の市民は市民運動から生まれる」と、市民が自由に要求を出すべきことが語られる。第5章は「国民経済」、第6章は「経済政策」となっていて、第41節では労働組合が説明され、労働組合から何が得られるか、国内における使用者（企業）側の団体と労働者側の団体の動き、また就労の国際的なルールが紹介されている。

第7章は「国民の安全」、第8章は「ヨーロッパで満足できなければ」と題して、第51節では「世界に開かれたドア」として、外国で働くことがテーマとして取り上げられている。生徒へは、「外国に行くことにはどのようなリスクがありますか」とか、「外国からフィンランドに来る若者たちはどのような仕事をしていますか」というような設問が用意されていて、自分たちが働くことになる社会を広い視野で考えさせようとしている。

（４）教科統合と教科横断的テーマ

フィンランドでは、小・中学校のカリキュラムには、教科の他に教科の統合への示唆が教科横断的テーマとして明示されている。

１９９４年国家カリキュラムでは、教科横断的テーマとして、①国際教育、②消費者教育、③交通安全教育、④家庭教育、⑤保健教育、⑥情報通信教育、⑦メディア教育、⑧環境教育、⑨起業家精神教育が明示されていた。

２００４年の国家カリキュラムでは、教科統合と教科横断的テーマとして、①人間としての成長、②文化的アイデンティティと国際主義、③メディアスキルとコミュニケーション、④参加する市民性（シティズンシップ）と起業家精神、⑤環境と福利に対する責任と持続可能な未来が明示されている。

２００４年国家カリキュラムで教科横断的テーマのうち「働くこと」に関する部分を抜き出してみよう。

参加する市民性と起業家精神

教科横断的テーマとしての「参加する市民性と起業家精神」の目標は、生徒が様々な参加者の視点から世界を理解することを助け、市民としての参加に必要な能力を発達させ、起業家精神という手法の基礎を作り出すことである。学校の授業方法と学習文化は、生徒の自立、先頭を切る努力、目標意識、協同、参加する市民として発達することを支援し、自分が影響を持つことへの責任という現実的なイメージを生徒が描けるように助けなくてはならない。

教育目標

生徒は、

社会の機能を展望しながら、学校コミュニティ、公共部門、ビジネスの世界、諸組織の重要性、活動、ニーズを理解するようになること。

様々なタイプの経験を用いながら、生徒自身の批判的意見を形成できるように学ぶこと。

地域コミュニティと学校コミュニティに適切に参加し、関心事に配慮する責任をとることを学ぶこと。

変化、不確実性、衝突に直面しそれを扱い、起業し先頭を切るという行為を学ぶこと。

目標を達成する際に革新的で粘り強く行為し、自己の諸行為とその影響を調べることを学ぶこと。

労働生活と企業家活動を知るようになり、個人と社会に対するその重要性を理解するようになること。

中心内容

学校コミュニティ、公共部門、ビジネスの世界、諸組織の間に見られる労働の活動と分業に関する基本的情報。

コミュニティと社会における民主主義の重要性。

市民社会に参加し影響を持つことの様々な意味。

自分自身の福祉と一般的福祉を促進するネットワーク作り。

自分の学校と生活環境に参加し影響を及ぼす経験をし、自己の行為の影響を調べる。

起業家精神と社会に対するその重要性、職業としての起業家精神に関する基本的情報、労働生活に備えること。

出典：フィンランド国家教育委員会『２００４年国家カリキュラム大綱』より

（5）中学から高校への進学状況——男子では職業系のほうが多い

小学校では人間関係に関する相談員（カウンセラー）の制度があり、家族や友人などとの人間関係の悩み事や人生相談ができるようになっている。学校規模によって、毎日滞在

表4　中学卒業後の進路（%）

16歳以後の進路	2001年	2005年	2006年	2007年	2008年	2009年	2010年
普通科高校	54	53.3	51.1	50.8	50.6	50.2	50.4
専門学校（職業高校相当）	36	39.4	40.1	40.7	41.9	41.2	40.7
10年生	2						
その他	8	7.4	8.8	8.5	7.6	8.6	8.9

2005年より、10年生はその他の欄に入れられている。
出典：*Education 2011. Statistics Finland.* Updated 13.12.2011

しているのではなく、相談員が通ってくる曜日が決まる。中学校になると、その他に進路相談員が配置される。これも、学校規模によって相談体制は異なる。進路相談員は、生徒の学習ぶり、意欲などを総合して評価しながら、その子の人生に向けた学びを支援する。

フィンランドでは、16歳以降は、専門性を身につけるための教育システムとなっている。専門性（普通科高校の場合には中等教育修了資格）ないし職業資格の獲得には、厳格な知識と技能の水準が要求される。生徒は、自分に合った専門性を身につけられる学校を、進路相談員などのアドバイスを得て自ら選ぶ。

普通科高校および専門学校への入学選抜は、中学校の内申点（10段階評価）により、上位から入学する。数学や芸術系の特別な学校以外は、入学試験はない。また、入学には個人の適性も重視するので、ペーパーテストだけでは決まらない。

統計資料によれば、2010年の中卒のうち、女子生徒の58％と男子生徒の43％が普通科高校に進学し、女子生徒の33％と男子生徒の49％が専門学校に進学した。学校間格差はほとんどなく、たいてい地元の学校に行く。

「成績が悪いから職業学校に行くという考えは、現在ではほとんどない」というのが、2011年10月に訪問した際の国家教育委員会のエーヴァカイサ・リンナ参与の説明である。一般的に、成績のよい生徒が普通科高校に進学する傾向にあるが、男子生徒ではコンピュータ関係の専門学校の人気が高く、入学最低点も高くなっている。

第4章

専門学校の取り組み

資格がないと就職できない国

＊最初は基礎職業資格

フィンランドは、他のヨーロッパ諸国と同じく、資格制度社会である。資格があって初めて就職でき、無資格で働いても見習い扱いにしかならない。給料は、資格によって統一されている国もあるが、フィンランドの場合は、就職した企業によって異なっている。最初に身につけるのが基礎職業資格（直訳すると一般職業資格）である。次に、基礎職業資格取得後3年以上の労働経験を経てから身につけるのが上級職業資格（直訳すると継続職業資格）、さらに上級職業資格取得後2年以上の労働経験を経てから身につけるのが専門家職業資格となる。この資格のレベルによって地位や給料が異なることになる。

基礎職業資格を取得できる職業教育でも、中学卒業直後に受ける場合と、普通科高校を卒業してから受ける場合と、転職するために成人になって受ける場合があるので、学校制

表5　職業教育の単位

名称	職業資格種類	単位	内訳	教育形態
基礎職業教育	53種* 120教育課程	120 単位	職業教育90 　一般科目 　専門学習 　実習20以上 修了プロジェクト2 --- 専門科目20 --- 選択科目10	専門学校 徒弟制補充訓練
上級職業教育	183種	40		専門学校 徒弟制補充訓練
専門家職業教育	123種	40		専門学校 徒弟制補充訓練

1単位は40時間分の学習に相当する。普通、28回の授業と自習または実習で構成される。
＊2010年8月施行の規程には、基礎職業教育は52種類と記述してある部分もあるが、本文から数えると53種類ある。

度上は高校相当だが、専門高校とは呼ばずに専門学校と呼んでいる。

表5のように、２０１０年8月施行の規程により、基礎職業教育は53種類の職種を養成する。この場合、必要な授業がモジュールというグループに分けられていて、それを組み合わせて１２０の学習課程（教育コース）が作られている。生徒は、１２０単位を取得すると卒業できるが、モジュールの組み方によっては複数の職業資格を入手することも可能である。

２０１０年の徒弟制度には2万１６７４人が入学し、生徒は5万９７０２人であったが、そのうち1万４３０６人が資

表6　2010年の徒弟制度の状況

教育分野	入学生数	在籍生徒数	修了者数
人文と教育	491	1220	304
文化	545	1384	242
経済と管理	8472	20982	4882
自然科学	195	781	200
技術と運輸	6348	20678	5365
自然資源と環境	490	1294	258
福祉、健康、スポーツ	3131	8817	2019
旅行、食堂、家政	2002	4546	1036
合　計	21674	59702	14306

出典：*Education Statistics. Statistics Finland*. Updated 3.11.2011

格を取得した。入学生の39％が基礎職業資格、33％が上級職業資格、28％が専門家職業資格のコースに在籍した。修了者の42％が基礎職業資格、32％が上級職業資格、26％が専門家職業資格を取得した。

＊社会に通用するかどうかが大事

単位の設定は、フィンランド国家教育委員会が行う。

専門学校の場合、初めて職業資格を取る場合には、3年間で120単位を取得するのが普通である。たいていは、1年生では校内で理論学習と基礎的な実践を行う。

2年生では、校内で実際に働くことになる。働きながら、必要に応じて教員の指導を受ける。この時点で、社会に通用する仕事ができる程度のレベルの技能が要求される。3年生になると、校外に出て、一般企業で働くことになる。仕事の技能的レベルだけでなく、職場の環境に合わせてチームワークで仕事ができるかどうかが試される。このような過程を経て、生徒本人も自分の職に自信と誇りを持てるようになって、晴れて卒業することができる。

フィンランドの職業教育は、知識や技能を授けるというよりは、自ら学び、自分の力の社会的有用性を確かめながら、学び続ける力も付けさせる。学校は生徒を自立させることを目的としていて、学んだことを応用する職場体験というよりは、社会に通用する力を身につけるための労働実践がきわめて重視されている。逆にいえば、社会に通用しないような労働能力では学校の単位も取得できないし、卒業もできないということだ。

専門学校に入学する場合、それまでの経歴が評価され、取得すべき単位数が軽減される。普通科高校を卒業して、あるいは2度目に専門学校に入学する場合、2年生に編入されるか、成人向けの、理論と実践がミックスした別クラスで2年間学習する。

教育内容もきわめて実践的で、外国語、たとえば英語の授業も看護師、介護士、店員、ビジネス事務など、具体的な場面で実際に使う英語が想定され、コースによってそれぞれ

表7　職業教育施設に在籍する特別支援が必要な生徒数

年	特別職業教育施設に在籍する者	その他の職業教育施設に在籍する者		合計数	対職業教育施設生徒比率
		特別グループに所属する者	一般のグループに所属する者		
2004	2493	1557	8401	12451	5.4%
2005	2464	1863	9618	13945	5.7
2006	2461	1693	10762	14916	5.8
2007	2461	1718	11279	15458	5.8
2008	2397	1605	12460	16462	6.0
2009	2536	1659	14066	18261	6.5

出典：*Education Statistics. Statistics Finland*. Updated 9.6.2011

別のテキストが用意されている。

身体障害や知的障害などがあって特別支援が必要な生徒は、表7のように分布している。2009年の統計では、通常のカリキュラム型の授業を受けている者は1万7550人、学校に在籍するが独自のメニューで学び技能試験に備える者が521人、学校ではなく労働現場で徒弟教育を受けている者が190人となっている。

能力をどう評価しているか

＊貧しい国だからみんなが働く

専門学校（職業高校相当）で取得できる基礎

資格に、「身辺介護（Social and Health Care, Practical Nurse）」とか「教育・保育・家庭福祉（Child Care and Education and Family Welfare）」というものがある。それらの資格を取ると学童保育の指導員になれる。フィンランドの教育がいかにコンピテンス・ベースなのか、つまり実力を評価する形態になっているか、その一例を紹介しよう。

２０１１年10月に、岐阜市の市長はじめ教育関係者で現地訪問した時の話だ。エスポー市のマティンキュラ地区にある多目的施設が「ユースセンター」として使用されていた。利用時間は、小・中学生が13時30分～16時30分（金曜のみ17時30分）、それ以上の年齢が17時～22時（イベント時は23時）で、週４日間（水、木、金、土曜日）開館している。音楽、映画、ダンス、美術、クラフト工芸、スポーツなどのコースがあるが、自由にたむろしていてもよい。指導員は３名で市の職員である。施設の利用者は、１日平均40人くらいであり、イベントをすれば１００人ほどが入れるという。イベントは、ディスコパーティーとか、外国映画上映などである。

訪問団一行を迎え、センターを案内してくれた所長のエーロ・エリカイネンさんは、30歳ほどの大柄な男性で、スキンヘッドの頭に半袖のTシャツ１枚という姿で、日本だったらとても採用されないと思われる出立ちだ。

その彼が、われわれを案内して1時間半ずっと英語で話した。しかも、ユースセンターの目的に関連して「わが国は貧しいので非行少年なんか出せないのです」というように自国の教育政策まで分かりやすくきちんと英語で説明したのである。

ユースセンターには、「若者の積極的な社会参加を支援する」「若者に社会的な力を与える」「若者の生活状態を改善する」という活動目的がある。一人ひとりに自立を促すために教育費を使ったほうが、自立できない若者を福祉で支えるよりは安上がりであって、本人にとっても社会にとっても有意義だという論理だ。

エーロ・エリカイネンさんは教育理論も国の政策もとてもよく理解しているので、その学歴を問うと、専門学校卒で「身辺介護士」の資格を持っているとのこと。どこで英語を覚えたのかと問うと、「映画とビデオとゲームかなぁ」という答えが返ってきた。テレビゲームまでが外国語の習得には有益であったと聞かされると、何とも貪欲な学びの姿勢だ。エーロ・エリカイネンさんの両親は、英語はほとんど話せないという。外国にホームステイでもしていたのかと尋ねると、「姉が結婚してカリフォルニアにいるので、２週間ほど旅行した」という海外体験があるだけだという。

フィンランドの教育のすごさは、このように、学びが学校とか教科書に閉じ込められないで、人生全体、社会の至るところで学び、その学びが自分の人生に生きてくるという点だ。学びは人生そのもの。学びは個人の努力だけでなく社会の雰囲気にも大きく影響される。

＊町全体で子どもを支える

そこに、われわれの訪れたのは、平日の午後1時頃だった。ユースセンターの入り口ホールには、3、4人の小学校高学年男女がやってきて、テレビを見る者、ゲームをする者とまちまちだが、それでいて指導員に甘え、お話をしたがりくっついていた。それぞれ何か問題を抱え、一般のクラブ活動に参加できない子どもたちがこの場所を拠（よ）りどころとしている感じだった。指導員も、指導するという姿勢ではなく、子どもに寄り添って支えるという姿勢に徹していた。

「年頃の男女が集まれば、問題も起こるでしょう」と問うと、「子ども同士けんかをして寄りつかなくなる者もいる。その時は、警察に助けてもらう」と言う。「警察に？」と問い直すと、「そうじゃないんだ。僕も、警官も、市のソーシャルワーカーも皆この町で生まれ、育って、顔見知りの仲間なのだ。皆で子どもたちを支えているのだ」との答えが

ディスコパーティや映画上映会をするホール。ミラーボールも付いている。イスもゆったりしている。定員は100人。

ユースセンターの入り口。まだ平日の午後1時なので、閑散としている。1階建てのように見えるが、地下があり、バンドやディスコなど大音響を出してもよいような設計になっている。

平日の午後には、子どもたちがやってきておしゃべりしたり……。

所長のエーロ・エリカイネン氏。彼の設計で、バンドの部屋とか、体力トレーニングルームとか、いろいろと作ってある。「自分もやりたいから」と。

指導員と一緒にゲームをしたりする。

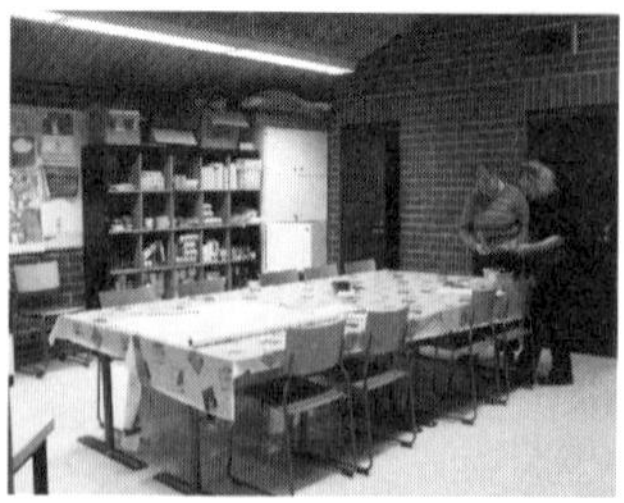

絵画やクラフト工芸の部屋。子どもたちが来る前に、コースの指導員が準備していた。

勉強する部屋もある。

返ってきた。

もしかしたら、エーロ・エリカイネンさんも、訳ありの子ども時代を過ごしたのかもしれない。「僕が面倒見ているこの子たちの中から、僕のような職業に就きたいという子どもが出てきたらうれしい」と説明する彼の言葉の中に、そんなことを感じた。苦労したからこそすばらしい教育ができる、そんな自信もまた彼にはあふれていた。学力・学歴よりも実力。ふさわしい人にふさわしい場所を提供するというフィンランド社会の奥の深さにも驚かされる。

中卒の半分近く、男子生徒では普通科高校進学よりも多くの生徒が、専門学校に進学するというのは、専門学校で学んだことが社会的に評価され、それなりの就職の道が用意されているということである。

低学力とか落ちこぼれという意識を子どもたちから極力なくして、専門的職業を身につけて社会的に評価される道筋を

表8　分野別・等級別職業一覧表（2008年8月施行）

部門	分野	職種 基礎職業資格（53）	職種 上級職業資格（190）	職種 専門家職業資格（127）
1. 人間と教育	(1)レジャー活動と若者活動	若者・レジャー指導	子ども・若者特別ニーズ指導	なし
	(2)言語	手話指導	地域通訳	なし
	(3)授業と教育	保育・教育家庭福祉士	なし	なし
	(4)人間・教育部門のその他の教育	なし	管理人	なし
2. 文化	(1)工芸とデザイン	工芸とデザイン	動物・植物・地質保全 小型船舶建造 鉄加工 セラミック 衣類 彫刻 めっき 金加工	小型船舶建造 鉄加工 セラミック 衣類 彫刻 めっき 金加工

	(2)コミュニケーション・映像美術
	映像コミュニケーション 視覚表現
ガラス加工 銃製造 手工 インテリアデザイン 家具組み立て 模型製作 楽器製造 塗装 修理 ロマ文化指導 サーミ工芸 銀加工 石工 布加工 装飾	映像コミュニケーション 情報・図書館サービス 写真
ガラス加工 銃製造 インテリアデザイン 家具組み立て 模型製作 楽器製造 塗装 修理 ロマ文化指導 サーミ工芸 銀加工 石工 布加工 装飾	映像コミュニケーション 写真

	(3) 音楽	音楽	ポップミュージックプロダクション	なし
	(4) 演劇・ダンス	サーカス ダンス	演劇	演劇
3. 社会科学、ビジネス・管理部門	(1) ビジネスと商業	ビジネスと管理	ビジネス管理、財政、会計 関税計算 起業家 土地の仲介 財政と保健 外国貿易 販売促進 業績の監査 ポーター 資産管理 記録・古文書管理 秘書 販売	ビジネス管理、財政、会計 起業家 ビジネスアドバイザー 外国貿易 販売促進 管理 店舗管理
4. 自然科学	(1) コンピュータとソフトウェア	ビジネス情報技術	情報技術	情報技術

5. テクノロジー、コミュニケーション、運輸	(1)建築と建設	ビル管理技術 建設 土地測量	ビル建設 ビル企画 地域暖房調整 床貼り 販売外交員 建設 暖房設備 産業用配管調整 配管調整 資産管理操作 空調調整 冷房調整 技術調整 絶縁技術 空調配管調整 空調システム清掃 水道と下水道	ビル建設 建設現場監督 地域暖房調整 床貼り インフラ建設 配管調整 資産管理操作 冷房調整 空調配管調整
	(2)機械・金属・エネルギーエンジニア	金属加工・機械	鋳型技術 板金加工 鋳型製造	鋳型技術 板金加工 鋳型製造

			リフト操縦 機械運転手 機械調整 金属処理 採鉱 メッキ板金加工 造船 工具製作 溶接	機械運転手 機械調整 メッキ工 工具製作 溶接
	(3) 電気エンジニア・オートメーションエンジニア	電気エンジニア	オートメーション組み立て 電子組み立て 電子・動力 電気工 家庭電気器具調整 発電機械工 発電機操作員 列車信号機調整	オートメーション組み立て 電子組み立て 電気工 発電機械工
	(4) 情報・テレコム技術	なし	コンピュータ機械工 テレコム調整員	コンピュータ機械工 テレコム調整員

	(5) グラフィックス・コミュニケーション技術	出版・印刷	製本 ファイリング 綴じ込み 印刷 カバー作成	製本 機械製本 画面レイアウト 印刷・輪転機印刷 印刷技術 印刷所指導員
	(6) 食品科学、食品産業、バイオテクノロジー	食品生産	ベーカリー産業 ベーカー 菓子職人 乳製品加工 食品産業 食品加工 食肉産業 食肉加工 牛乳加工	ベーカー 菓子職人 食品テクノロジー
	(7) 加工、化学・材料エンジニア	小型船舶建造 化学エンジニア 実験テクノロジー 製紙産業	化学エンジニア ゴム加工 防腐塗料塗装 小型船舶建造人	化学エンジニア 小型船舶建造人

	プラスチック・ゴムテクノロジー 表面加工技術 木材加工 装飾業	ガラス・セラミックス 産業用表面加工 建具師 塗装工 プラスチックテクノロジー 製紙産業 木材板テクノロジー 製材	板版加工 表面加工 建具師 塗装工 プラスチックテクノロジー 製紙産業 製材機操作
(8) 縫製・衣類テクノロジー	衣類加工 靴製造 縫製	バッグ・皮革製品生産 衣類加工 毛皮加工 皮革加工 靴製造 縫製	バッグ・皮革製品生産 衣類加工 毛皮加工 皮革加工 靴製造 縫製
(9) 自動車・運輸エンジニア	車両運転技術 空輸管制 航空機整備 運行支援 客船運航	空港サービス バス運転士 自動車整備工 自動車販売 連結車両運転手	配送 自動車販売

⑽テクノロジー・コミュニケーション・運輸関連のその他	
技術デザイン 保安 時計製造と微小機械	
煙突掃除 インテリアデザイン 錠前師 維持管理 全車両保安 安全警備 石材切断 ゴミ収集とリサイクル	貨物操作 林業工具整備 重機整備 部品販売 小機械整備 材木輸送 倉庫管理 車体調整 車両クレーン操縦 車両用電気 車両塗装
煙突掃除 インテリアデザイン 錠前師 維持管理 安全管理 テクノロジー 製品開発	車両テクノロジー相談 車両整備 貨物操作 車体整備 車両塗装

6. 自然資源と環境	(1) 農業	農業	農器具整備 養蜂業 人工授精 農民 蹄鉄工 馬訓練士 家畜飼育 有機物と家畜の生産 乗馬指導員	毛皮用動物飼育 グルーマー 田園水管理 乗馬指導員
	(2) 園芸	園芸	樹木栽培 草花栽培 庭設計 園芸店 ワイン製造	草花栽培 庭設計 園芸店
	(3) 漁業	漁業	水産加工 魚養殖 釣りガイド	なし
	(4) 林業	林業	バイオエネルギー 林業起業 林業機械操作	林業 林業機械操作

	(5)自然と環境	自然・環境保護	自然栽培 トナカイ飼育 野生・自然ガイド	ベリー・ハーブ・キノコ検査員 野生動物管理人 自然監視員
	(6)自然資源と環境に関するその他	なし	動物飼育 ゴルフコース維持	ゴルフコース維持 実験用動物飼育 田園開発
7. 社会サービス、健康、スポーツ	(1)社会部門	なし	保育支援員 養護学級補助員 学童保育活動指導	養護学級補助員
	(2)健康ケア	なし	検査補助 足治療	ギプス治療 精神ケア
	(3)健康ケアと社会サービス	身辺介護士	知的障害者サービス 薬物乱用対策員	老人介護 知的障害者サービス 言語障害者通訳
	(4)歯科系	歯科技術	なし	なし
	(5)リハビリとスポーツ	体育	コーチ マッサージ	コーチ マッサージ

			体育 スポーツ施設維持	スポーツ施設維持
	(6) 医療技術サービス	なし	光学機器操作 器具維持	器具維持
	(7) 医薬品と薬局	調剤	なし	なし
	(8) 美容	整髪 美容	整髪	整髪 美容
8. 旅行・調理・家事サービス	(1) 旅行	旅行業	田園旅行 旅行活動 旅行ガイド 旅行サービス	なし
	(2) ホテルと調理	調理 ホテル・レストランサービス	調理・料理業 ホテル受付 レストラン料理人 給仕	バーテンダー ダイエット料理 食品管理 ホテル・レストラン・調理サービス管理
	(3) 家事と消費者サービス	家事・消費者サービス	家事サービス	なし
	(4) 清掃	清掃	清掃業 繊維製品クリーニング	洗濯熟達者 清掃熟達者 清掃監督

出典：Finnish National Board of Education. *Competence-based Qualifications*: 1st January 2008.

一人ひとりに付けている。それゆえに、一人ひとりが自立する学びが成立するのだろう。

２００８年施行の『分野別・等級別職業一覧表』（表８）には、たとえば「コンピテンス・ベース資格」などが掲載され、それに関するそれぞれの職種について1ページ程度の説明がある。さらに詳しい学習指導要領は、その後、各職種別に作成されている。「保育・教育・家庭福祉士」は、２００９年に作成され、１６５ページの厚さがある。「身辺介護士」は、２０１０年に作成され、２９８ページの厚さになっている。

ちなみに、「社会・健康ケア、身辺介護士」の職種は、次のように定義されている。

資格の共通モジュールは、「成長、育児、ケアの支援と案内」と「リハビリ支援」である。それに加えて、志願者は、次の学習プログラムの1つを選択すること。すなわち、救急ケア、リハビリテーション、子どもと青年のケアと教育、精神の健康と薬物乱用、育児とケア、口と歯のケア、障害者ケア、高齢者ケア、消費者サービスと情報管理。

志願者は、社会・健康ケアの運用システムを知り、依頼者に基本的サービスを案内する。この仕事において、志願者は、社会・健康ケアの分野における法令と、基本的諸価値、人間性の概念、ならびに職業倫理規定を遵守すること。志願者は、様々な方面からどのように情報を集め、情報技術と文献ツールをいかに使うかを知らなくてはならない。口頭ならびに文章で自分の意見をはっきり述べることができること、様々な状況において適切なマナーでコミュニケートし、依頼者に耳を傾けられること。依頼者に対応する活動方法の基礎に精通し、起業家精神を持ち、経済的に仕事し、質の高い思考をすること。

志願者は、その仕事において、心理的、身体的、社会的ならびに道徳的な人間発達に関する自己の知識をいかに活用するかを知らなくてはならない。志願者は、個人への案内もグループへの案内も提供しなくてはならず、様々な年齢の人々の成長と、発達、心理的福利を支援できること。志願者は、仕事に必要な病気および回復に対する心理的ならびに社会的な要因の重要性とともに、解剖学と生理学の知識を保持しなくてはならない。志願者は、様々な年齢の、また様々な背景を持つ子ども、青年、成人、高齢者に対する基本的ケアを一人でいかに提供するかを知らなくてはならない。志願者は、薬の投与を指示しなくてはならず、薬の作用・副作用をどのように観察するかを知らなくてはならない。
　この仕事においては、志願者は、伝染病の予防と防止のための法令、無菌治療の原理、安全規則、職業上の健康・安全指針を守ること。志願者は、レベル１の救急治療に対応する技能を習得すること。この仕事においては、志願者は、障害のある人々の最も一般的なグループに関する知識、精神問題あるいは薬物乱用問題を抱える人々に対するリハビリと支援に関する知識をいかに活用するかを知らなくてはならない。
　志願者は、医学的、社会的、職業的なリハビリの方法とサービスに精通すること。依頼人個人が、独立して生活できるようにいかに支援するか、身の回りの環境や日常生活を整えられるようにリハビリの展望をいかに立てるかということを知らなくてはならない。
　救急ケアのプログラムを選択した志願者は、……（省略）
　リハビリテーションのプログラムを選択した志願者は、……（省略）
　子どもと青年のケアと教育のプログラムを選択した志願者は、……（省略）
　精神の健康と薬物乱用のプログラムを選択した志願者は、……（省略）

育児とケアのプログラムを選択した志願者は、……（省略）
口と歯のケアのプログラムを選択した志願者は、……（省略）
障害者ケアのプログラムを選択した志願者は、……（省略）
高齢者ケアのプログラムを選択した志願者は、……（省略）
消費者サービスと情報管理のプログラムを選択した志願者は、……（省略）
これらの資格を完了したものは、社会・健康ケアのサービスにおいて育児、ケア、教育の職に就き、一人でも、あるいは専門領域の異なる複数のメンバーと共に仕事をする技能を保有するものである。

出典：Finnish National Board of Education. *Competence-based Qualifications.* 1st January 2008, 273-275.

コンピテンス・ベースの教育とは、このように仕事で何ができるかという視点で資格を決めていくのである。

テストの点数で将来を描くのではなく、どのような職種で何をしたいのか、そのために何を学ばなくてはいけないのかという具体的な目標が提示されているからこそ、それぞれの人生に向けて努力できるのである。

第5章

専門学校OMNIAの取り組み

無資格者から起業まで、幅広く教える

＊1万人の生徒

専門学校オムニアは、エスポー、カウニアイネン、キルッコヌンミの3市でつくるエスポー地区自治体共同立の大規模な専門学校で、多彩な教育を提供している。オムニアには、2009年9月、2010年3月、9月、2011年8月、10月と5度、筆者は訪れた。

岐阜市長はじめ教育関係者12人で訪れた2011年の10月、案内にあたった渉外担当のシリエさんが、われわれ代表団に向かって話し始めたことは、覚悟はしていたが日本との大きな落差を感じさせるものだった。

「今や仕事を会社に求める時代ではなくなっています。仕事は自分で作っていかなくてはいけない、そう言って生徒を教育しています」

オムニアの前身は５つの職業学校だったが、これを統合して新しい職に備えることになったのだそうだ。船舶修理など活動を縮小した部門もあり、現在では教科の授業もする学校は４ヵ所、短期職業体験と徒弟制度を実施する工房が５つある。さらに、２０１０年には、企業と共同する施設としてインノ・オムニアを新設した。

オムニアの専門学校部門は、４０００人の生徒を抱えている。職業資格のない者への最初の職業教育と、職業経験者に対するより高度な職業教育を提供する。

成人教育部門には、成人で労働経験者が入学してくる。その経験に合わせて、カリキュラムが選択される。２０００人の全日制生徒（高校生相当）と２０００人の科目履修生（いったん高校を卒業した者、成人コースのこと）がいる。

徒弟教育は、指導資格のある指導員の下で、理論的学習も交えながら工房で実践を学び、そして現場で３年程度働いて職業資格を得るもの。１６００人の生徒がいる。

工房における労働体験コースは、失業中で学校にも入学していない者が、支援を受けながら何らかの労働を体験する。専門学校か成人教育か、徒弟教育かを選択する前の準備期間と見なされている。かつては延長できたが、現在は、５ヵ月で打ち切られる。しかし、途中で道が見つかり、定員に空きがあれば、専門学校や徒弟教育に編入する。１５０人の

表９　専門学校オムニアの部門構成

部門	提供する教育
専門学校	16歳以上 職業教育、上級職業教育、専門家職業教育 10年生（義務教育制度内中学４年生相当、希望者のみ在籍できる）付設
成人教育センター	18歳から60歳まで、労働体験者
徒弟教育センター	理論教育（20%）と労働体験（80%）
青年作業場	16歳以上25歳未満まで。５ヵ月。同一施設では１回のみ。 労働体験
起業施設	企業研修

生徒がいる。

先に触れたインノ・オムニアは起業施設で、地域の中小企業、とりわけ工芸と美術関連の企業と連携して、インノが事務所や店舗など活動場所を提供しながら企業活動を支援し、企業は生徒の企業研修を引き受ける。さらには、国内外のプロジェクトにも参加し、グローバルなネットワークを形成しながら、生徒の起業も狙っている。

以上のように生徒は約1万人で、教職員は700人である。教職員のうち、65%が教員で、教員は職業資格を持ち、1年コースで教育学を学んでいて、3年以上の労働体験がある者である。

オムニアの一般科目は、母語4単位、第2母語（スウェーデン語）1、外国語（英語）2、数学3、物理・化学2、社会・ビジネス・労働市場1、体育1、保健1、美術・文化1である。

選択科目として、一般科目の追加（4単位まで）、環境、情報通信技術（ICT）、倫理、文化知識、心理学、起業家精神がある。

教科の成績評価は、コンピテンス・ベースと呼ばれる実技で行われる。実技試験には、企業代表も試験官として加わる。なぜなら、企業の雇用者にとっては、テストで測る理論的知識では十分ではないからだ。評価の質は、改善中だそうだ。また、習得した技能は、生徒自身、教員、現場指導員によって評価される。教員は評価の方向性を示し、生徒と日頃接している現場指導員もまた重要な役割を果たす。

オムニアの教科横断的な学習共通テーマは、

①国際化
②持続可能な発展
③テクノロジーと情報通信技術の利用
④起業家精神
⑤消費者サービスとその質
⑥消費者としての技能

⑦労働保健安全
である。

(1)オムニア本校の授業

オムニアの本部・本校は、エスポー・センターという町の中心部にある。大きな体育館のような建物の中に、造園コースはあった。女子生徒に人気があるという。生徒たちは一輪車を動かしながら作業をしていた。実習場の地下に排水施設がある。ここで、毎年1年生が庭造りを実習する。実際にここに土を入れ、植物を植え、ベンチや小屋を工作して配置し、池を作って水を流してみたりと、本格的だ。理論の勉強については、すぐ近くの教室で行う。3年生になると企業実習がある。日本庭園を造りたいといって日本の会社を自分で探してきた生徒がいるそうだ。先生が年に2回、日本に実習指導に出かけるという。何ともスケールが大きい。言わば卒業海外実習といった2ヵ月の短期実習もあって、大阪や山梨のホテルやお菓子屋さんなどで働いている。

建築コースの1年生は、体育館のように大きな造園コースとは別の屋内施設の中で、2

人でチームを組んで物置を作る。１年生だから、作りながら理論も学ぶ。学びながら作るというほうが適切だろう。

筆者が半年経って再度訪問すると、ほとんどのチームは、建て終わって外壁にペンキを塗ったところだった。すでに足場も撤去したチームがある一方で、２メートル四方のブロックで土台作りが始まったばかりのチームもある。外壁のみ組み立てて、半分くらいのチームもある。不登校の生徒もいれば、段取りが悪くスローテンポで働くチームもあるということのようだ。日本のように、同じ時間に一斉に同じ作業をするというようなことは不可能な人たちらしい。まさに、一人ひとりに合わせた指導を地でいっている感じだ。

搬入用の大きな扉が開くと、外は雪が積もり、そこには同じ作業をしている生徒たちがいた。どう見ても、屋内に比べると作業速度は遅い。寒くて、作業は遅れ気味。北国で働くとは大変なことだ。屋内で作るか、屋外で作るかはくじ引きで決めているのだそうだ。「フィンランドでは雪の中でも作業しなくてはならないからね」というのが先生の説明。

２年生は、各学科（コース）の生徒が集まって、実際に住宅を建築していた。学校が市の土地を借りて、設計図はオムニアの先生が書き、周囲の地主の同意も得て、建築許可はきちんととっている。５年かけて本格住宅を建築し、市民に販売するという。「生徒が作ったのではないか」と言うと、「先生が毎日付きっきりで指導している。おまけに最先端の高価な建材が使ってあるので、お得な買い物だ」という答えが返ってきた。

確かに、凹凸面がきわめて小さなハイテクの高価なタイルが用意してあった。汚れやカビがつかないという。生徒が失敗するといけないので、古いタイルでまず練習をしていた。

建築、配線、配管、暖炉作り、タイル貼り、塗装、と各コースから生徒が参加して共同で、しかも5年間もリレー式に作業していくのだ。指導するほうも大変だ。

建築中の家の隣には2階建てのプレハブ造りの「作業員詰め所」がある。全体の進み具合を見ながら時間の余裕が出てくると、あるいは問題が出てくると、先生は「作業員詰め所」に作業チームごとに生徒を集めて理論の授業をするという。

オムニアの清掃コースと調理コースには、障害を持った生徒向けの授業も用意されている。障害を持った生徒向けの授業が開設されているのは、その2つのコースのみである。生徒たちは、健常者の協力を得ながらなんとか働けるようになる。就職はなかなか難しいが、自分自身の生活を作り出すというだけでも学ぶ意味があると考えられている。住宅維持と食事は生活習慣の基本ととらえて、調理コースは、2年生になると職員食堂の運営を

①1年生は校内で教科と実践を同時に学ぶ

こちらは建築コースの屋内施設。これも体育館のように大きい。床はコンクリートのまま。

造園コース屋内施設。大きな体育館くらいある。壁面にはスコップなど、作業用具が並べてある。

▼

2009年9月、新1年生が道具小屋を作り始める。土台の木枠を作り、コンクリートを流し込む。先生たちが授業の段取りを決めている。

土の上に煉瓦や植木を配置していく。

1年生は2人でチームを組んで道具小屋を作る。2010年3月になると、もう完成したチームもある。

くつろぐ小さな小屋を現場で仕上げる。

土台しか作っていないチームもあった。どこかで追い上げるのだろうか。まちまちなのが、フィンランド。

木材で足場を作り、屋根を載せ、外壁塗装をする。そろそろ足場を外す段階。

土台と外壁のみで止まっているチームもあれば（右）、屋外で作業するチームもある（左）。

2011年10月、オムニアの玄関に、完成品モデルとして展示してある物置。

②2年生は売れるものを作り、社会に通用する働きをする

配線コースの作業。配電盤も担当する。

2010年3月、2年生は、各コースの生徒が集まって、実際に住宅を建てていた。

▼

配管コースの作業。太いパイプは、掃除機の室外排気用のもの。各部屋に取り付け口を付ける。

これが設計図。斜面を利用して、地下室を作る。

ベニヤ板にタイルを貼る練習。

暖炉を組み立てるコースの作業。

地下室は、趣味などに使う。床面積には入らないが、高い窓しか取り付けられない。建築法でそうなっているそうだ。

作業員詰め所から降りてくる現場監督の先生。

③障害を持った生徒用の２つのコースがある

清掃コースの道具置き場。洗剤や大型電動クリーナーが置いてある。

障害を持った生徒も多いので、文字だけでなく絵や写真を使って分類を促す。

受け持たされる。用意する数も少ないので可能なようだが、学校側も教育の成果を毎日確かめられるという仕組みだ。3年生になると、企業の食堂などで実習する。

(2) ホテル学校棟

オムニアの本部・本校の近くにホテルコースがある。実際のホテルと専門学校がくっつき、ホテルの経理、ベッドメイキング、食堂まで、学びながら実際の運営に参加していく。調理コースは、パンを焼いたり、食材を作ったりするが、ホテルの客に出すもののほか、売店で直売もする。総菜作りの現場に行くと、40代のアイルランド人が作業をしていた。母国ですでに食堂で働いた経験はあるが、ここで資格を取って、フィンランドに移民として移り住みたいという。フィンランド語も現在学習中だが、英語を使ってなんとか学べているという。社会人の場合、実技優先で、教科と実践がミックスした2年コースで資格が取れる。

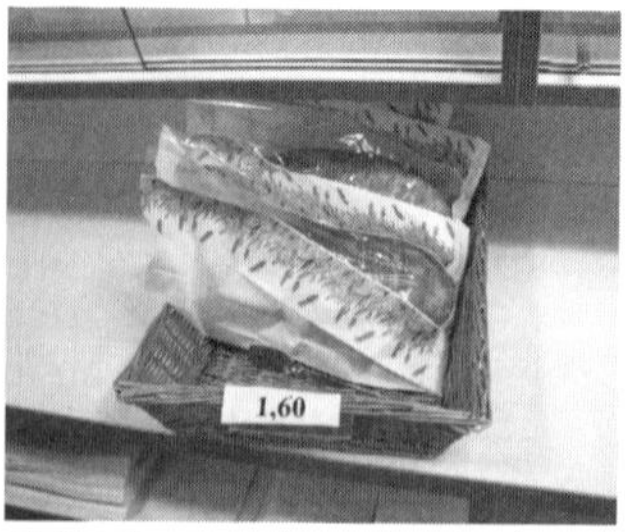

売店で売っている食パン（バゲット）。1本1.60ユーロ。これは、生徒が作ったもの。

左がホテル、右が実技を主体とする学校。

売店に運ぶ前のパック詰めされたお総菜。これも生徒が作っている。

焼く前の菓子パン。

パックの1つを開けてごちそうになった。生のスズキの白身にバジルなど香料がまぶしてあって、ビネガー入りのソースを付けて食べる。

焼き上がった菓子パンやクッキー。

(3)工房(作業所)、徒弟制度と短期体験

①ヴィヘルラークソ工房

エスポー市の中の富裕層の住宅地区が独自のカウニアイネンという自治体をつくっていて、そこは湖が点在する落ち着いた景観の土地である。湖畔の高台に質素な小屋がある。これがオムニアの1つの工房となっていて、所長が常駐し、事務員1名と指導員1名がスタッフである。ここで取得できる資格はイベント企画である。

とりあえずバンドが好きだという若者をあずかって、音楽をやりながら働く意欲を育てるというのが短期体験コースである。

やる気になれば、指導員について3年計画のメニューをこなす。これが徒弟コースである。

日頃はバンドをやり、照明やミキシングの技術を覚え、町にイベントがあれば請け負って出張していく。結婚式の撮影もして、編集して記念ビデオを作ったりもする。教科書を順に教えるという教科スタイルではなく、実践を主体としながら必要なことをその都度、

事務室内の所長の机。

郊外の住宅地にある小屋、音楽主体のイベント企画工房。事務室、演奏スタジオ、控え室、技術室、作業室がある。

事務室には暖炉があり、会議もできる。

工房の入り口。タイムレコーダーの隣には、タイムカードが10枚ほど。

スタジオ前の控え室。中央が所長のティーナ・トゥオリニエミさん。パワフルで、どんどんやる気を起こさせるタイプ。見学者コーディネーターも兼ねている。その左が、本部の国際コーディネーターのシリエ・ハッシネンさん。エストニア出身で英語の教師、ロシア語もできる。筆者の見学受け入れをずっと担当していただいた。

廊下には様々な職業コースが紹介され、若者に働きがいをアピールしている。

生徒の作業室。音質を決めながら、コンピュータでビデオの編集をしている。

スタジオ。音楽クラブの場所になったり、CD録音用の演奏場所に貸し出したりしている。テレビスタジオのように、隣には技術室があり、壁が見通しの利くガラスになっている。

指導員が教えていくというやり方だ。

入り口にはタイムカードがあり、会社と同じ方式をとって時間管理に慣れさせていくのだそうだ。最大の悩みは、生徒の欠席という話だ。

２００８年に、政府がニートをなくす方針（「若者を探せ」作戦）を出したので、何もしていない若者をなくすことが専門学校の任務になった。中学に行かなくなった若者も少しだけだが存在する。そのような子どもたち向けに音楽のクラブ活動を提供している。といっても、集まってバンドをしないかと勧誘する程度だ。その子たちが通ってくれれば、好きな道を見つけさせて、工房で徒弟制度に入るか、専門学校で授業コースに入るかを勧める。

欠席をなくすために、２０１２年８月からオムニアでは５人の「捜索人」を雇うことにした。学校に２

人、工房に3人が配置されている。この「捜索人」が長期欠席の若者宅を訪ねたり、その日のスケジュールをサボって突然いなくなった生徒を市内に探しに行く。

「その役は大柄の男性か」と聞くと、「いや、小柄の女性だ」と言う。生徒にとってはお母さんの代わりというところか。

②スオメノヤ工房

この工房は、もともと自動車修理工場の建物だったが、それをオムニアが引き取って、木工と金属加工の作業場と、自動車修理の作業場に分けた。木工の作業場には幼稚園の遊具の依頼や家具の修理の依頼が入ってくる。物作りの好きな生徒が、指導員について、修理をしたり、遊具を作ったりしていた。

金属加工の作業場は、固い金属を熱で曲げたりしながら飾り物を作っていた。ここの指導員は、休暇をとってスウェーデンに行ってしまったので、新人教員を探しているとか。

自動車修理の作業場では、近所の自動車を修理したり、車の運転の代行をしたりしている。

それぞれ、若者は、自分のできる範囲で資格を取って、社会に出て行く。

家具の修理も担当する。

木工の作業場。生徒は３人。

金属加工の作業場。

幼稚園の遊具を作成中。

熱で温めて金属棒を曲げる。

扉を開けると、人形の家になっている。

自動車修理の作業場。部品の引き出し。

バーナーで加工もする。

▼

持ち込まれた客の車。

資材置き場。

建物はそれほど広くない。

(4)インノ・オムニア

学内に企業を呼び込んで、生徒を起業家に育てようという新施設がインノ・オムニアである。

企業の個室があったり、商談もできるような会議室や、くつろいで話ができる喫茶コーナー、本格的に食事がとれるレストランもある。現在、スタートしたばかりだが、美容室が開店していて、サウナもついていて、リフレッシュする空間を作り出していた。美容室のイス1つだけを借りて起業することも可能だとか。

レストランでは、2年生が実習していた。レストランの経営は民間委託で、経営者は無給の生徒を従業員として使用できる。

(5)進路指導

進路の定まらない生徒向けに現代の職業について授業がある。一般に、このような生徒

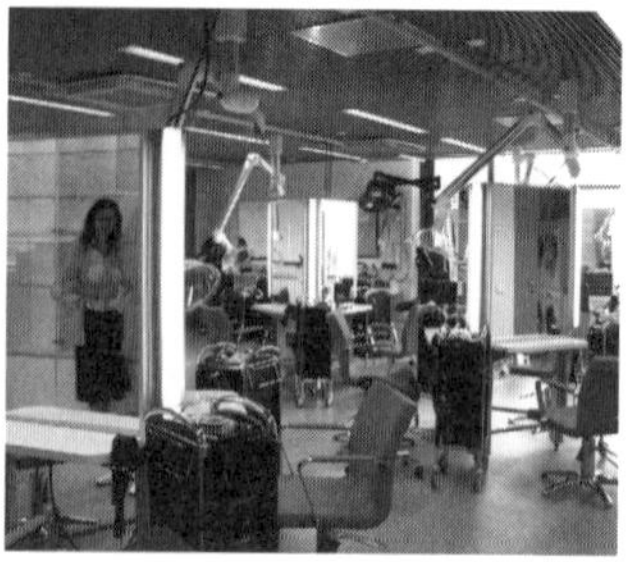

美容室。

インノ・オムニアの喫茶室。

▼

レストラン。

質素だが、デザイン性豊かなテーブルとイス。

レストランで働くのは２年生。

進路指導のスタッフ。中央の先生が、障害を持った生徒を担当する専門家である。

現代の職業について先生の講義。自分の進路を決めかねている生徒が受講する「自分探しコース」。職業への興味とプライドを持たせるようにして、あの手この手でやる気を起こさせる。

ところどころに日本人がいる。彼女はフィンランド人と結婚してフィンランドにやってきたが、ことばが分からない。専門学校が提供する移民向けフィンランド語講座を受講している。右は、フィンランド語の先生。

は入学生の10％ほどいて、「自分探しコース」に所属させているのだという。授業では、生徒たちが自分の職業に誇りを持ってあたるように期待されている。障害を持った生徒向けには専門の教員があたる。オムニアの本校には、こんな進路指導を担当する教員が3人いる。生徒たちは、決意を固めてどこかのコースに年度途中で編入したり、定まらぬまま別の専門学校に転校するか、いろいろだそうだ。とにかく、どれかの職業に就けるように指導が続く。

第6章 専門職大学(AMK)

労働市場の急速な変化に対応した人材育成

＊正規の高等教育機関

フィンランドの高等教育は、ドイツにならって、高度な研究と教育が結合し、産業界からは一定の距離を置いた学問的自由が貫徹する、フンボルト型と呼ばれるアカデミックな総合制大学として推移してきた。

転機が訪れるのは、それまで実業専門学校と見なされていた教育施設を「専門職大学（ammattikorkeakoulu：AMK）」として再編する試行を許可する法律を採択したからである。専門職大学は、直訳すれば、「高等職業専門学校」となるが、英語表記では「ポリテクニク（polytechnic）」となっていて、最近は「応用学大学（University of Applied Sciences）」というようにユニヴァーシティを名乗っている。

１９９１年からの状況を見て、フィンランド政府は、１９９５年にはこの専門職大学を正規の高等教育機関として位置づけるようになり、最初の専門職大学は１９９６年8月にスタートした。この年は「欧州生涯学習年」である。この時、ユニヴァーシティを名乗るところが出てきたのだそうだ。総合大学（フィンランド語 yliopisto、スウェーデン語 universitet）と専門職大学（ammattikorkeakoulu, yrkeshögskolor）に関する政府見解では、「2つを英語で区別する根拠はないが、誤解を避けるためにポリテクニクということばを使うべきだ[1]」としている。

その後、義務教育後の教育の拡大を目的として、既存の技術系、ビジネス系の専門学校と旧来の中等職業専門学校とを再編成して、専門職大学網が作られることになった。２０００年には新計画が開始され、31専門職大学（うち7大学が暫定校）となった。１９９９年時点での在学生数は、総合大学の学生が15万２０００人、専門職大学の学生が7万９０００人であるが、1年生だけを見ると、まちまちの年齢だが63％が専門職大学に在籍している。

２０１０年の進学率については、同一年齢の30～35％が総合大学に、35～40％が専門職大学に進学する。しかし、大学受験資格試験の合格者の進路では表10のように低い（２０１０年で１７・４％）。社会経験を経て大学に入学する者が総合大学では3分の1、

表10　大学受験資格試験の合格者の進路

	2005年	2006年	2007年	2008年	2009年	2010年
大学受験資格試験の合格者数	34,337人	33,091	33,420	32,936	33,011	32,681
中等学校に残留	4.3%	4.2	4.2	4.2	4.5	4.2
専門職大学に進学	18.2	17.4	19.0	18.5	17.7	17.4
総合大学に進学	19.5	20.5	20.1	19.1	18.3	18.1
就職	57.9	57.9	56.6	58.2	59.6	60.3

出典：*Education 2011. Statistics Finland.* Updated 13.12.2011

専門職大学では半分にあたるようだ。大学受験資格試験は、最短で2年で合格する。表中の「中等学校に残留」という欄は、高校在学中にすでに合格最低ラインには達しているが、もう少し勉強したいという者のことである。社会経験の後に専門職大学に入学する場合を加算すると、同一年齢に対する専門職大学への進学率は表の数値より高まるだろうが、政府計画の60～65%という数値にはまだ届いていない。

専門職大学は統廃合があり、新計画後の数は28（2007年）、27（2010年）、25（2012年）と減少している。

＊運営は地方自治体

専門職大学の設立目的は、労働市場の急速な変化に対応する人材養成である。専門職大学の専攻分野は、テク

表11　専門職大学一覧（2012年現在）

専門職大学名	設立年	備考
アルカダ専門職大学	1996	授業言語はスウェーデン語、英語
沿ボスニア中央専門職大学		スウェーデン語、フィンランド語、英語
ディアコニア専門職大学		
ハーガ・ヘリア専門職大学	2007	ハーガとヘリアが統合
人文学専門職大学	1998	
ハメ地方専門職大学（HAMK）		
ユヴァスキュラ専門職大学		
カヤーニ専門職大学	1992	
ケミ・トルニオ専門職大学		
クメンラークソ専門職大学		
ラハティ専門職大学	1991	
ラウレア専門職大学		
首都専門職大学	2008	EVTEKとスタディアが統合
ミッケリ専門職大学		
北カレリア専門職大学		
ノヴィア専門職大学	2007	スウェーデン語
オウル専門職大学	1992	
ロヴァニエミ専門職大学	1996	
サイマー専門職大学		
サタクンタ専門職大学		
サヴォニア専門職大学	1992	
セイナヨキ専門職大学	1992	
タンペレ専門職大学		
トゥルク専門職大学		
ヴァーサ専門職大学	1996	
オーランド専門職大学	1997	オーランド自治領管轄。スウェーデン語
警察大学	1998	内務省管轄

出典：フィンランド教育文化省のホームページ「Polytechnics」より。2012年8月15日確認。設立年の空白は新計画が開始された2000年に相当すると推測される。備考欄の空白は、フィンランド語の授業が行われていることを示す。

ノロジーと運輸、管理と商業、社会サービスと保健といった部門である。この部門の労働者の8割は、専門職大学の出身者で占められている(2)。

端的にいえば、専門職大学は、総合大学に比べてより地域の企業の要請に応じて、地域に必要な人材を供給するための、重要な教育機関となっているということである。

フィンランドでは南部の沿岸部と北部および東部の森林地帯とは産業が大きく異なっていた。そこで、フィンランドの総合大学も、すでに1960年代から1970年代にかけて地域とのつながりを持つようにし、そのことを特徴としてきた。専門職大学は、産業の発展に合わせた、さらに地域性を重視した専門家養成を実現しようとしている。専門職大学の管轄は教育省だが、運営は地方自治体もしくは自治体連合が行ってきた。

＊リサーチ・ベースとコンピテンス・ベース

労働市場の急速な変化に対応するために、労働の国際的な動向、雇用者の要請、労働の実態という3つのつながりが強調される。そこで、できるだけ現場に密着させるように専門職大学における授業の半分は実技系となっていて、まさにコンピテンス・ベースの教育が行われている。

こうして、研究の力量を身につけて、根本原理から学び、創造的な活用力を養う総合大学と、必要な分野において確立されたはっきりした知識や技能を実際に身につけて応用力・実践力を養う専門職大学とに大きく分けて高等教育が編成されている。総合大学はリサーチ・ベース（探究型）の学び、専門職大学はコンピテンス・ベース（実践型）の学びと言い直すこともできよう。

２００６年に総合大学はボローニャ・プロセスに移行したが、専門職大学も同じ制度の中に位置づけられることになり、国ぐるみで大がかりな調整が進められている。英語名は「ポリテクニク（Polytechnic、総合技術）」ではなく、外国にアピールするように「応用学大学（University of Applied Sciences）」へと統一されつつある。もう1つボローニャ・プロセスへの移行に合わせて、英語で行う授業を20～30％に増やした。

専門職大学は、発足当初の２０００年あたりには国家財源が57％、地方自治体財源が43％であった[3]。その後、国家財源が拡大して近年は7～8割となっている。企業からの支援は実習指導などを通して行われている。だが、ボローニャ・プロセスへの移行に関連して、専門職大学は総合大学と同じ扱いとなり、全額国家予算に切り替えられつつある。

(1)ハーガ・ヘリア専門職大学

2010年9月、筆者はヘルシンキのハーガ地区にあるハーガ・ヘリア専門職大学を訪問した。

この大学の専攻分野は、ビジネス教育、情報技術、スポーツ・レジャー教育、ホテル・レストラン教育、旅行教育、管理補助である。専門職大学院、職業教育教員養成学校、MBA(ビジネス管理修士)通信教育を併設している。職業教育教員養成とは1年程度かけて教育学関連の授業を行うもので、その領域の職業経験があれば、このコースの単位を追加することで専門学校の教員になることができる。

正面入口から入ると、そこはホテルの正面玄関だった。ここは、アメリカの大衆ホテルチェーンのベスト・ウェスタンと提携しているベスト・ウェスタン・ハーガ・ホテルである。ホテル右の階段上に専門職大学の小さな入り口がある。構内掲示板によれば、ホテルと大学は建物内部でくっついている。

実習は、ハーガ・ホテルですぐにできる。中には、世界一のホテルで働きたいと、ドバ

高速道路脇にある大衆ホテル。地方からヘルシンキに車で出張してきた会社員が多く宿泊する。街中から離れているので、観光客はまず来ない。

左手は専門職大学で、1階が駐車場と機械室、入り口は2階。

▼

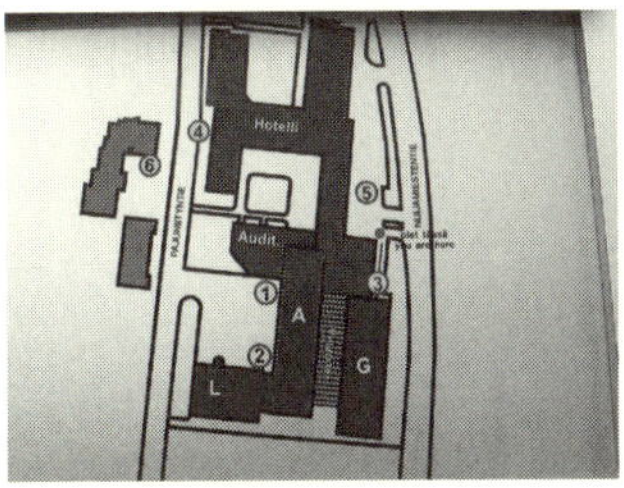

構内案内によると、
①案内（大学側の入り口）、売店
②大学（教育施設）
③ハーガ財団本部、図書館
④研究・開発部門
⑤ハーガ・ホテル（ホテル側の入り口）
⑥ハーガペルホ住宅会社

「国際リーディング・ホテル・スクール」メンバーの証明パネル。

国際会議もできる講堂。

2つの教室棟にはガラスの屋根が架けられ、中庭は食事をとったり、コーヒーを飲みながら談話したりできるフリースペース。

イまで実習に出かけた学生もいる。外国のホテルは、ホテル学校の国際組織で探せるという。この専門職大学は、「国際リーディング・ホテル・スクール」という世界組織に加盟している。

国際会議もできる講堂は、ホテルで使ったり、大学が行事で使ったりと、共用している。

大学教員は、現場経験者で、しかも研究者である。ホテルの改革プランも作成する。

ホテルにはこうした実験ができるように、研究スペースがとってある。新しい客室のデザインとか、飾り付けとか、実際にやってみて、できたら客に使ってもらい、マーケットリサーチもする。

語学コースは、観光案内など、すぐに使える英語などを学ぶ。教師の資格も、研究論文で決めるのではなく、労働経験が重視されていた。

(2) ラウレア専門職大学

２０１２年３月、筆者はラウレア専門職大学のオタニエミ校を訪れた。ベンチャー・ビジネスコースのテッポ・レッパラティ（女性）と、パイヴィ・イモネンオルハナ（男性）の２人が案内をしてくれたが、２人とも英語で対応した。

ラウレアは老人介護を中心とし、７つの地域に校舎を持ち、首都圏の地方自治体とも結びつく専門職大学である。「開発することで学ぶ（learning by development）」を教育・研究の論理とすることと、「ケアテレビ」放送局を運営していることが大きな特徴である。

ボローニャ・プロセスに沿って、最近、改革がなされ、大学は３年制の学士課程と２年制の修士課程に再編成された。フィンランドの専門職大学では、学士課程修了後、３年以上の実務経験を経て、修士課程に入学する。

取得できる学位は、ビジネス管理（英語）、介護（英語）、社会サービス（英語）、ビジネス管理（フィンランド語）、介護（フィンランド語）、心理療法（フィンランド語）、社会サービス（フィンランド語）などとなっていて、全体で３割が英語の授業だが、英語の授業だけで資格の取れる国際コースがある。
ラウレア専門職大学で取得できる修士は、健康促進（英語）、健康促進（フィンランド語）、起業・ビジネス（フィンランド語）である。

この大学は、介護が伝統的に強い分野だ。学びの原則は、「地域の学び」といって、「地域の中で（in）」「地域とともに（with）」「地域のために（for）」働きながら、現場を改善していくことだという。

高齢化がこれから始まるフィンランドは、先行する日本から学びたいと考えている。ラウレア専門職大学は、日本の東北福祉大学と協力関係を結び、仙台の医療機器メーカーから高齢者介護機器を導入するなど、高齢者サービスを専門の研究分野とする。「ケアテレビ」は、２００５年に開局し、インターネットを使用する双方向通信で在宅介護を実施する。今では、学齢期の子どもにも対象を拡大して、「安全家庭（Safe Home）プロジェクト」を立ち上げ、トゥルク専門職大学と共同で事業を展開し、「欧州共同体ヨーロッパ地域開発財団（EU/ERDF）」から資金提供を受けている。

「開発することで学ぶ（learning by development）」とは、フィンランドの教育では広く認められている教育原理である「為すことで学ぶ（learning by doing）」に着想したも

表12　ラウレア専門職大学の学校構成

校舎	所在地	職業コース（英語と表記してあるコースは英語で授業）
オタニエミ	エスポー市	ビジネス・マネージメント（英語）、介護（英語）、ソーシャル・サービス（英語）、心理療法、介護、ビジネス経済、ベンチャービジネス、ソーシャル・サービス
レッパヴァーラ	エスポー市	ビジネス情報テクノロジー（英語）、ビジネス・マネージメント（英語）、施設・組織管理（英語）、ホテル・レストラン管理、ビジネス経済、企画・管理サービス、安全管理（英語）、データ処理、保安
ロホヤ	ロホヤ市	介護、ビジネス経済
ティックリラ	ヴァンター市	介護、美容師、ビジネス経済協同学習タイプ、刑務所職員、社会サービス
ケラヴァ	ケラヴァ市	ビジネス経済、旅行業、データ処理
ヒヴィンカ	ヒヴィンカ市	介護、ビジネス経済、ビジネス経済協同学習タイプ、社会サービス
ポルボー	ポルボー市	介護

のである。学生と教員と現場の専門家とが共同して現実の開発プロジェクトを成し遂げながら探究し、学ぶという教育方法である。ラウレア専門職大学で考案したことばだという。

生徒自身が自分で学びの計画を立て、積極的に行動し、自信のある職業人に育て上げるのだという。「教師も学生を信頼することが大切だ」「新しいアイディアが学生のほうから出てくることもある」「教師と学生は平等だ」と両教授は説明した。

＊コンピテンス評価は難しい

「ヨーロッパ資格枠組み」によって、大学はコンピテンスを育てることになった。ボローニャ・プロセスでも、コンピテンスを育てることが基本になっている。コンピテンスを育てるカリキュラム作りは難しく、また学生のコンピテンスを評価するのも難しい。とにかく、現場の需要に耐えられるということだろう、と両教授の説明があった。

また、学生同士の協同学習タイプ（Peer to Peer：P_2P、peer は同僚・仲間の意味）の教育研究指導も行っている。

オタニエミ校では、エスポー市ならびにヘルシンキ技術大学と共同して「アクティブ・

教科書を読んでいるというので、覗いてみるとパソコンで英文を読んでいた。

ベンチャービジネスコースの教室。めいめいが、1人、2人、3人となって自分なりに学んでいる。たまにある授業以外は、自分で何かを開発・開拓して起業を目指している。このコースは、教員10人と、学生250人だという。

▼

この2人は、フィンランド人。入学して3年目と4年目だという。話し合いながら、企業に売り込む企画を作っていた。報酬はあるのかと尋ねると、一度500ユーロもらったことがあるとの答えが返ってきた。

教室の隣の小部屋（写真正面）では、6人の学生（男性2人）と1人の教員（女性）がゼミをやっていた。さらに、その奥の小部屋では、5人の学生だけで勉強会をしていた。

幼稚園教諭コースの学生。年齢はまちまちだ。親など外部と連絡をとるという授業を受けていたそうだ。授業直後に残ってくれた12人の学生のうち、普通科高校出身者が8人いた。左端の女性は、会社に入ってビジネスを10年やっていたという。こういう人たちが、大学新入生の年齢を上げていることになる。

この3人はベトナムからの留学生。男性は資格を取ってフィンランドで働きたいと言っていたが、女性はベトナムに帰るとはっきり答えた。

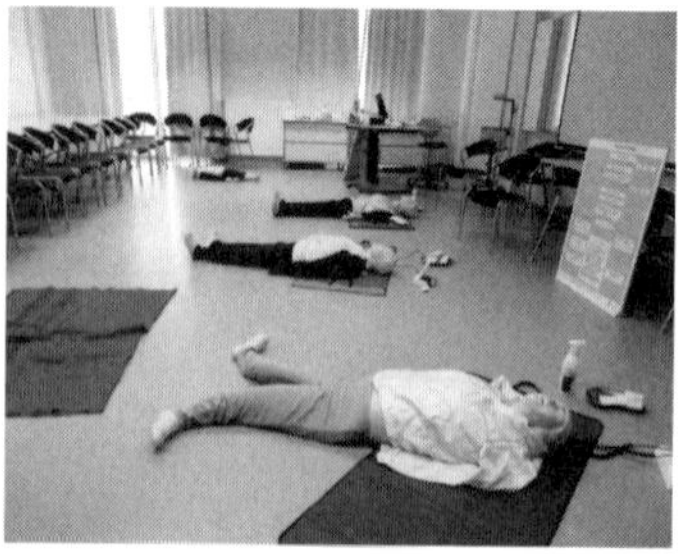

介護コースの実習室。マネキンを相手に、実践してみる。

ライフ村」を形成している。そうすることで、現場に必要なものを開発しながら学び、それを使用できる能力を身につけて、地域の自治体職員として就職することができる。

学生は全学で８０００人、そのうち留学生は29ヵ国から２００人を超える。その90％は、資格を取ってフィンランドで働くという。日本からもスズキマサミチさんがやってきて、職業資格を取ってこの地で働いているそうだ。

留学生でも、授業料は無料だという。「そんなことをしたらいっぱい来ますよ」と言ったら、「教育は無料だ。学力が高ければ入れてよい」とテッポ・レッパラティ教授が答えた。「フィンランドの税金を使って育てても、出て行ってしまったらどうするのですか」とたたみかけると、「それはそれでよい。私たちは帰国を勧めている」と教授は答え、少しほほ笑んで見せた。

総合大学にも幼稚園教諭課程があるが、専門職大学の幼稚園教諭コースとはどこが違うのだろうか。専門職大学では、転職する人がやってくるので、基本的な労働能力はついているとして扱うのだそうだ。講義は少なく、年に10週間くらいで、それが3年続くという。現場で学び育つを基本にしている。「人間の心理は現場に行かなきゃ分からない」からだとのこと。

シラバスで縛って、休講もまかり成らぬ、相談はオフィスアワーでというアメリカ的管理方式を受け入れつつある日本の大学に比べると、ヨーロッパの大学は反対の方向を向こうとしているようだ。フィンランドの大学は、改革の道をすでに走り始めている。

第7章　普通科高校から総合大学へ

試験の中心に国語力を置く

＊普通科高校の授業

普通科高校では、首都ヘルシンキには、有名高校が2校あるといわれ、入学に熱心な家庭もあるが、日本のような受験競争は起きていない。ほとんどの家庭は、勉強は自分でするもの、進路は自分に合ったものを自分で選ぶものと考えて、そのように子どもを教育している。

普通科高校は、大学進学を前提にその準備をするところである。教育内容は、日本の大学の共通科目・共通教養のレベルであり、普通科高校生は大学に入学してから何をするかをはっきりさせながら学ぶ。

日本やアメリカの大学で考えられるような一般教育ないし共通教育の部分は、ヨーロッパでは普通科高校で行うものである。30年前のアメリカ、今日の日本の大学で問題になってきた初年次教育は、ヨーロッパの大学では問題にならない。なぜなら大学教育に準備された者だけが大学に入学する建前になっているからである。つまり、大学教育に準備できた者だけに、中等教育修了資格が与えられるのだ。

＊大学入学資格試験は「読解力」に大きなウェイト

ヨーロッパの国々には、イギリスのＧＣＳＥ（General Certificate of Secondary Education）、フランスのバカロレア、ドイツのアビトゥーアのような、中等教育修了資格試験がある。ほとんどの国で、これが、大学入試も兼ねている。この試験問題は、中等教育機関（日本の高校相当）側が作成する。歴史的に一部のエリートだけが大学に入学していた頃の名残で、きわめてレベルの高い、難解な試験である。もともとは、大学に入学するだけの教養があるか、とりわけラテン語の知識を問うものであった。学ぶ資格があると判定された学生は、大学でいきなり専門の勉強に入る。

フィンランドでは、中等教育修了資格試験に相当する大学入学資格試験があり、その他に個別の大学で入学試験がある。大学入学資格試験の問題は、中等教育学校（高校相当）で学ぶべきことを十分習得しているかどうかという観点で、普通科高校の教師が作成する。

フィンランドでは大学入学資格試験は、秋・春の年2回実施され、連続する3回の試験内で合格した成績が正規の証明となる。

試験科目は、国語が必修で、他に選択科目を3科目、合計4科目合格すると大学入学資格が与えられる。

国語に相当するのは、フィンランド語、スウェーデン語、サーミ語の3科目がある。フィンランド語とスウェーデン語には、読解力の文章題と、小論文（エッセイ）の2分野があり、その合計で判定される。それぞれの分野で3時間、2日間かけて試験が行われる。試験時間中の飲食やトイレへの出入りは自由だ。フィンランドではカンニングはないといわれているが、それはカンニングをしても意味がないからだ。

読解力の分野では、分析力や言語表現力が測られる。この点にこそ、作文力や文学鑑賞に限定されない読解力を設定し、教科全体で育成された思考力や問題解決力を測ろうというフィンランドの特徴が見られる。

小論文では、教養レベル一般、思考力の発達度、言語的表現力と論理一貫性が測られる。フィンランド語（国語相当）という教科が言語力に狭く限定されたり、単語や単文の知識を問うようなものではなく、教科横断的な教養やコンピテンスを問い、すべての教科の学びを代表するという点でフィンランド語の扱いには特徴がある。

国語以外は選択科目となっていて、第2言語としての国語（フィンランド語、スウェーデン語）、外国語、数学、他教科（13科目の1つのみ）のうち最低3教科で合格しなければならない。

第2言語としての国語には、上級コースと中級コースという2種類のテストがある。外国語と数学には、上級コースと基礎コースという2種類のテストがある。それぞれの教科では、どちらか1つのコースしか受験できない。また、合格ラインの最低3教科に含める場合、1教科は上級コースで合格しなければならない。

第2言語としての国語と外国語では、リスニング、読解力の文章題、小論文の3分野がある。第2言語としての国語（フィンランド語かスウェーデン語）を受ける代わりに、国語（第2言語と同一言語）を受験してもよい。

数学は10問、他教科は6問または8問ある。

他教科にあたるのは、福音派ルター派キリスト教、正教、倫理、哲学、心理学、歴史、社会学、物理学、化学、生物学、地理学、保健、教科横断テストの13教科である。

各科目ごとにＩＡＢＣＭＥＬという成績評価がつく。配点の平均比率は、表13のような

表13　採点基準の一覧表

成績	評価と得点	分布の目安
L	賞賛に値する、7点	5%
E	飛び抜けてよくできる、6点	15
M	きわめてよくできる、5点	20
C	とてもよくできる、4点	24
B	よくできる、3点	20
A	可、2点	11
I	不可、0点	5

数値分布をおよその目安にして採点される。しかし、科目によってばらつきがあり、また年度によっても値は変動しており、機械的に配分比が適用されるわけではない。

大学入学資格試験運営委員会は、委員長を教育大臣が指名し、約40名の委員で構成される。ここが、約330人の協力員の参加の下、試験内容や採点基準を決め、テストを実施する。

障害のある受験生、あるいは国語（フィンランド語、スウェーデン語、サーミ語）を母語としない受験生には、受験に際して配慮がなされる。

受験生は、評価について大学入学資格試験運営員会に対して異議申し立てを行うことができ、委員会は再評価を行う。誤りがあれば成績は訂正される。

不合格だった教科については再度受験できる。基礎コースや中級コースで合格したが、上級コースに取り替えたい場合や、連続する3回の試験内で合格しなかった場合の期間外受験は、補充試験と見なされ、正規の成績証明とは別の補充証明書が発行される。

日本と大きく異なる点は、国語は1つの教科という意味以上に、全教科に共通する言語力、あるいは研究を続けたり社会生活をする基礎力としてとらえられていることだ。

＊小論文の課題

2011年春の大学入学資格試験「国語」（2日で6時間）のうちの小論文の課題を、通訳のヒルトゥネン久美子さん訳を使って説明すると、次のようである。

「次の設問から1つを選び、4〜5ページで述べなさい。題が決まっているものは太字で書かれています。それ以外は自分で題を考えなさい」となっている（資料2-3）。

①世界的に、平和に、急がず、暮らす人々を支援する、ゆったりまたのんびりの「スロー」ライフが流行(はや)っている。なぜこのようなトレンドが広がっていくのか。

②マウノ・コイヴィスト大統領の時代からフィンランドにおける大統領の権威は減少傾向にある。フィンランドには現在よりも強い大統領が必要か、または大統領制自体を

捨てるべきか。

③かつて子育てでは両親と学校の他に近所の大人も加わり子どもと若者を見てきた。彼らは必要であれば我が子に対するように介入もした。現在は誰が子どもを育てているのか。

④携帯電話から花瓶までデザイングッズがあふれている。日常におけるデザインの意義を述べなさい。

⑤スポーツは環境を破壊するか。

⑥2030年にわれわれが食するものは何か。

⑦芸術（または科学）の導き手について。

⑧女性を描く画家としてパブロ・ピカソについて、1つまたはいくつかの絵画を用いて述べなさい（資料1と16）。

⑨ユハ・イトコネンの小説『買い物』（資料4-7）より父と息子の関係を説明しなさい。

⑩ヘリ・ラークソネンは南西地方の方言で書いています。詩（資料8）を方言で書くと、どのような考えがわいてきますか。

⑪記事（資料9）と自らの経験から説明しなさい。インターネットは脳を破壊するという主張は正しいだろうか。
⑫宗教教育が論議を呼んでいる。記事（資料10-11）と自らの経験を元に、どのように宗教は教えられるべきか、または宗教教育自体が必要かどうかについて考えを述べなさい。
⑬なぜ10点満点の女子は問題なのか。アンナマリ・シピラのコラム、「いい女」（賢い〝めす〞を意味する新語）から思うことを書きなさい（資料12-13）。
⑭すべては昔のほうがよかったのか。表（資料14-15）を参考にこの質問に答えなさい。

このような問題を3時間かけて解く。そこには、それまで学んできたこと、考えてきたこと、これからやりたいことがにじみ出てくるだろう。いわゆる、教養の高さを測っているということになる。要するに、文章表現によって幅広い学力を判断していこうとしており、そのような学ぶ力があれば大学に入学した後でも本人が努力し続けるだろうと見なすわけだ。

普通科高校は、生活からいったん離れるものの、専門性の学びが社会との関わりをつなげられるように、常に工夫されているということもまたうかがえる。

Ohje: Kaikki kirjoitustehtävät ovat tämän vihkon sivuilla 2–3. Osaan tehtävistä liittyy aineistoa, jota on hyödynnettävä tehtävänannon mukaan. Lue tehtävät, silmäile aineistot läpi ja valitse tehtävistä yksi. Tehtävät arvostellaan pistein 0–60. Kirjoita ehyt ja kielellisesti huoliteltu teksti. Sopiva pituus on 4–5 sivua. Teksti on **kirjoitettava puhtaaksi kuula- tai mustekynällä**. Valmiit otsikot on lihavoitu. Muussa tapauksessa anna kirjoituksellesi oma otsikko. Merkitse kirjoitustehtävän numero otsikon eteen. Jos valitset aineistotehtävän, tekstisi pitää olla siten ehyt, että lukija voi ymmärtää tekstisi, vaikka ei tunnekaan aineistoa. Aineistotehtävissä tulee viitata aineistoon.

KIRJOITUSTEHTÄVÄT

1. Maailmalla on levinnyt hitausliike *slow*, *leppoistaminen* tai *hidastaminen*, jota kannattavat ihmiset haluavat elää ja toimia rauhallisesti, kiirehtimättä. Miksi tällainen trendi vahvistuu?

2. Presidentti Mauno Koiviston ajasta lähtien presidentin valtaoikeuksia on Suomessa karsittu. Tarvitaanko Suomessa nykyistä vahvempi presidentti, vai voitaisiinko koko presidentti-instituutiosta luopua?

3. Ennen lasten kasvattamiseen osallistuivat vanhempien ja koulun lisäksi naapuruston aikuiset, jotka pitivät silmällä lapsia ja nuoria. He myös puuttuivat tarpeen vaatiessa muidenkin kuin omien lastensa tekemisiin. Kuka lasta nykyään kasvattaa?

4. Design-tuotteita on käytössämme kännyköistä kukkavaasiin. Kirjoita muotoilun merkityksestä arjessa.

5. Kuormittaako urheilu ympäristöä?

6. **Mitä syömme vuonna 2030?**

7. **Taide** (tai **Tiede**) **tiennäyttäjänä**

8. **Pablo Picasso naisen kuvaajana**
Käytä aineistona yhtä tai useampaa kuvaa (s. 1 ja 16).

9. Pohdi isän ja pojan suhdetta Juha Itkosen novellissa *Kaupankäyntiä* (s. 4–7).

10. Heli Laaksonen kirjoittaa lounaismurteella. Millaisia ajatuksia runot (s. 8) herättävät murteen merkityksestä?

2

11. Pohdi artikkelin (s. 9) ja omien kokemustesi pohjalta, onko väitteessä *Internet pilaa aivoni* perää.

12. Oman uskonnon opetus herättää keskustelua. Pohdi oheisen artikkelin (s. 10–11) ja omien kokemustesi pohjalta, miten uskontoa pitäisi opettaa vai tarvitaanko uskonnon opetusta lainkaan.

13. Miksi kympin tytöt ovat ongelma? Kirjoita Annamari Sipilän kolumnin *Hyvä, knartut!* (s. 12–13) herättämistä ajatuksista.

14. Oliko kaikki paremmin ennen? Pohdi kysymystä käyttäen apunasi diagrammeja (s. 14–15).

•

AINEISTO TEHTÄVIIN 8–14

Huom.! Tekstien kieliasu on alkuperäisen julkaisun mukainen.

3

資料2-3

YLIOPPILASTUTKINTO-
LAUTAKUNTA

**ÄIDINKIELI II,
ESSEEKOE**
14.3.2011

Pablo Picasso, *Kirjoittava nainen* (1934)
öljy kankaalle 81 x 65 cm

1

資料1

資料16

Pablo Picasso, *Äitiys* (1901)
öljy kankaalle 47,4 x 34 cm

Pablo Picasso, *Sylvette* (1954)
öljy kankaalle 81 x 65 cm

Pablo Picasso, *Rauhan kasvot XI* (1950)
piirros 40 x 50 cm

16

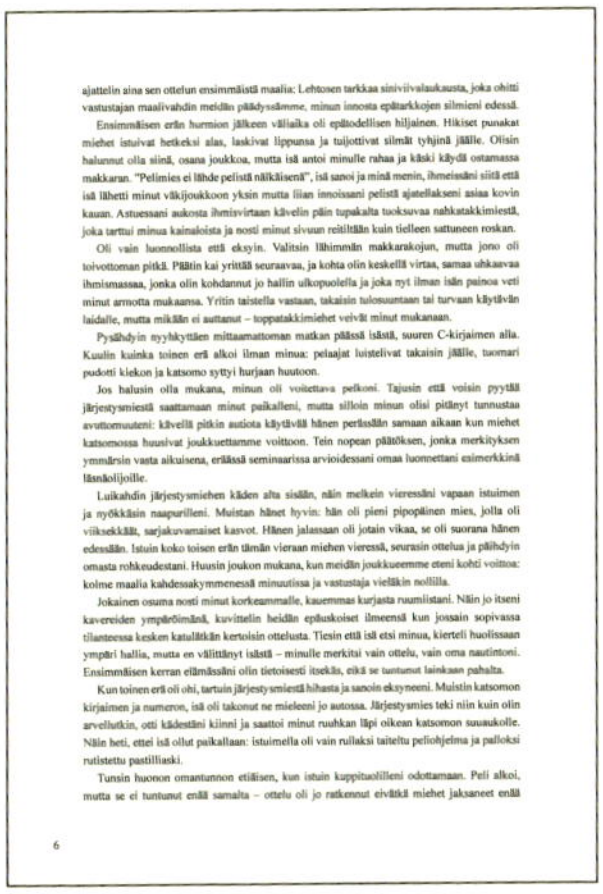

ajattelin aina sen ottelun ensimmäistä maalia: Lehtosen tarkkaa siniviivalaukausta, joka ohitti vastustajan maalivahdin meidän päädyssämme, minun innosta epätarkkojen silmieni edessä.

Ensimmäisen erän hurmion jälkeen väliaika oli epätodellisen hiljainen. Hikiset punakat miehet istuivat hetkeksi alas, laskivat lippunsa ja tuijottivat silmät tyhjinä jäälle. Olisin halunnut olla siinä, osana joukkoa, mutta isä antoi minulle rahaa ja käski käydä ostamassa makkaran. "Pelimies ei lähde pelistä nälkäisenä", isä sanoi ja minä menin, ihmeissäni siitä että isä lähetti minut väkijoukkoon yksin mutta liian innoissani pelistä ajatellakseni asiaa kovin kauan. Astuessani aukosta ihmisvirtaan kävelin päin tupakalta tuoksuvaa nahkatakkimiestä, joka tarttui minua kainaloista ja nosti minut sivuun reitiltään kuin tielleen sattuneen roskan.

Oli vain luonnollista että eksyin. Valitsin lähimmän makkarakojun, mutta jono oli toivottoman pitkä. Päätin kai yrittää seuraavaa, ja kohta olin keskellä virtaa, samaa uhkaavaa ihmismassaa, jonka olin kohdannut jo hallin ulkopuolella ja joka nyt ilman isän painoa veti minut armotta mukaansa. Yritin taistella vastaan, takaisin tulosuuntaan tai turvaan käytävän laidalle, mutta mikään ei auttanut – toppatakkimiehet veivät minut mukanaan.

Pysähdyin nyyhkyttäen mittaamattoman matkan päässä isästä, suuren C-kirjaimen alla. Kuulin kuinka toinen erä alkoi ilman minua: pelaajat luistelivat takaisin jäälle, tuomari pudotti kiekon ja katsomo syttyi hurjaan huutoon.

Jos halusin olla mukana, minun oli voitettava pelkoni. Tajusin että voisin pyytää järjestysmiestä saattamaan minut paikalleni, mutta silloin minun olisi pitänyt tunnustaa avuttomuuteni: kävellä pitkin autiota käytävää hänen perässään samaan aikaan kun miehet katsomossa huusivat joukkuettamme voittoon. Tein nopean päätöksen, jonka merkityksen ymmärsin vasta aikuisena, eräässä seminaarissa arvioidessani omaa luonnettani esimerkkinä läsnäolijoille.

Luikahdin järjestysmiehen käden alta sisään, näin melkein vieressäni vapaan istuimen ja nyökkäsin naapurilleni. Muistan hänet hyvin: hän oli pieni pipopäinen mies, jolla oli viiksekkäät, sarjakuvamaiset kasvot. Hänen jalassaan oli jotain vikaa, se oli suorana hänen edessään. Istuin koko toisen erän tämän vieraan miehen vieressä, seurasin ottelua ja päihdyin omasta rohkeudestani. Huusin joukon mukana, kun meidän joukkueemme eteni kohti voittoa: kolme maalia kahdessakymmenessä minuutissa ja vastustaja vieläkin nollilla.

Jokainen osuma nosti minut korkeammalle, kauemmas kurjasta ruumiistani. Näin jo itseni kavereiden ympäröimänä, kuvittelin heidän epäuskoiset ilmeensä kun jossain sopivassa tilanteessa kesken katulätkän kertoisin ottelusta. Tiesin että isä etsi minua, kierteli huolissaan ympäri hallia, mutta en välittänyt isästä – minulle merkitsi vain ottelu, vain oma nautintoni. Ensimmäisen kerran elämässäni olin tietoisesti itsekäs, eikä se tuntunut lainkaan pahalta.

Kun toinen erä oli ohi, tartuin järjestysmiestä hihasta ja sanoin eksyneeni. Muistin katsomon kirjaimen ja numeron, isä oli takonut ne mieleeni jo autossa. Järjestysmies teki niin kuin olin arvellutkin, otti kädestäni kiinni ja saattoi minut ruuhkan läpi oikean katsomon suuaukolle. Näin heti, ettei isä ollut paikallaan: istuimella oli vain rullaksi taiteltu peliohjelma ja palloksi rutistettu pastilliaski.

Tunsin huonon omantunnon etiäisen, kun istuin kuppituolilleni odottamaan. Peli alkoi, mutta se ei tuntunut enää samalta – ottelu oli jo ratkennut eivätkä miehet jaksaneet enää

6

資料6

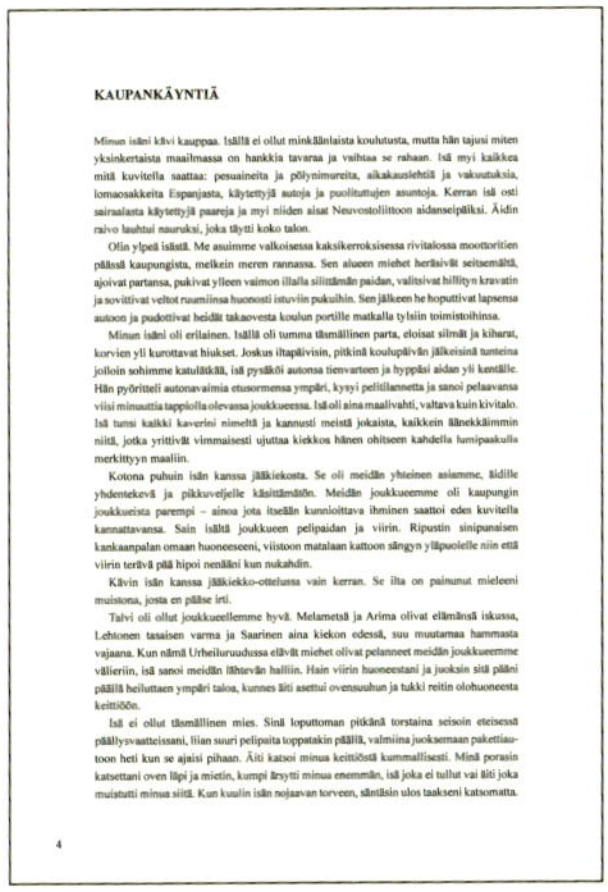

KAUPANKÄYNTIÄ

Minun isäni kävi kauppaa. Isällä ei ollut minkäänlaista koulutusta, mutta hän tajusi miten yksinkertaista maailmassa on hankkia tavaraa ja vaihtaa se rahaan. Isä myi kaikkea mitä kuvitella saattaa: pesuaineita ja pölynimureita, aikakauslehtiä ja vakuutuksia, lomaosakkeita Espanjasta, käytettyjä autoja ja puolituttujen asuntoja. Kerran isä osti sairaalasta käytettyjä paareja ja myi niiden aisat Neuvostoliittoon aidanseipäiksi. Äidin raivo lauhtui nauruksi, joka täytti koko talon.

Olin ylpeä isästä. Me asuimme valkoisessa kaksikerroksisessa rivitalossa moottoritien päässä kaupungista, melkein meren rannassa. Sen alueen miehet heräsivät seitsemältä, ajoivat partansa, pukivat ylleen vaimon illalla silittämän paidan, valitsivat hillityn kravatin ja sovittivat veltot ruumiinsa huonosti istuviin pukuihin. Sen jälkeen he hoputtivat lapsensa autoon ja pudottivat heidät takaovesta koulun portille matkalla tylsiin toimistoihinsa.

Minun isäni oli erilainen. Isällä oli tumma täsmällinen parta, eloisat silmät ja kiharat, korvien yli kurottavat hiukset. Joskus iltapäivisin, pitkinä koulupäivän jälkeisinä tunteina jolloin sohimme katulätkää, isä pysäköi autonsa tienvarteen ja hyppäsi aidan yli kentälle. Hän pyöritteli autonavaimia etusormensa ympäri, kysyi pelitilannetta ja sanoi pelaavansa viisi minuuttia tappiolla olevassa joukkueessa. Isä oli aina maalivahti, valtava kuin kivitalo. Isä tunsi kaikki kaverini nimeltä ja kannusti meistä jokaista, kaikkein äänekkäimmin niitä, jotka yrittivät vimmaisesti ujuttaa kiekkoa hänen ohitseen kahdella lumipaakulla merkittyyn maaliin.

Kotona puhuin isän kanssa jääkiekosta. Se oli meidän yhteinen asiamme, äidille yhdentekevä ja pikkuveljelle käsittämätön. Meidän joukkueemme oli kaupungin joukkueista parempi – ainoa jota itseään kunnioittava ihminen saattoi edes kuvitella kannattavansa. Sain isältä joukkueen pelipaidan ja viirin. Ripustin sinipunaisen kankaanpalan omaan huoneeseeni, viistoon matalaan kattoon sängyn yläpuolelle niin että viirin terävä pää hipoi nenääni kun nukahdin.

Kävin isän kanssa jääkiekko-ottelussa vain kerran. Se ilta on painunut mieleeni muistona, josta en pääse irti.

Talvi oli ollut joukkueellemme hyvä. Melametsä ja Arima olivat elämänsä iskussa, Lehtonen tasaisen varma ja Saarinen aina kiekon edessä, suu muutamaa hammasta vajaana. Kun nämä Urheiluruudussa elävät miehet olivat pelanneet meidän joukkueemme välieriin, isä sanoi meidän lähtevän halliin. Hain viirin huoneestani ja juoksin sitä pääni päällä heiluttaen ympäri taloa, kunnes äiti asettui ovensuuhun ja tukki reitin olohuoneesta keittiöön.

Isä ei ollut täsmällinen mies. Sinä loputtoman pitkänä torstaina seisoin eteisessä päällysvaatteissani, liian suuri pelipaita toppatakin päällä, valmiina juoksemaan pakettiautoon heti kun se ajaisi pihaan. Äiti katsoi minua keittiöstä kummallisesti. Minä porasin katsettani oven läpi ja mietin, kumpi ärsytti minua enemmän, isä joka ei tullut vai äiti joka muistutti minua siitä. Kun kuulin isän nojaavan torveen, säntäsin ulos taakseni katsomatta.

4

資料4

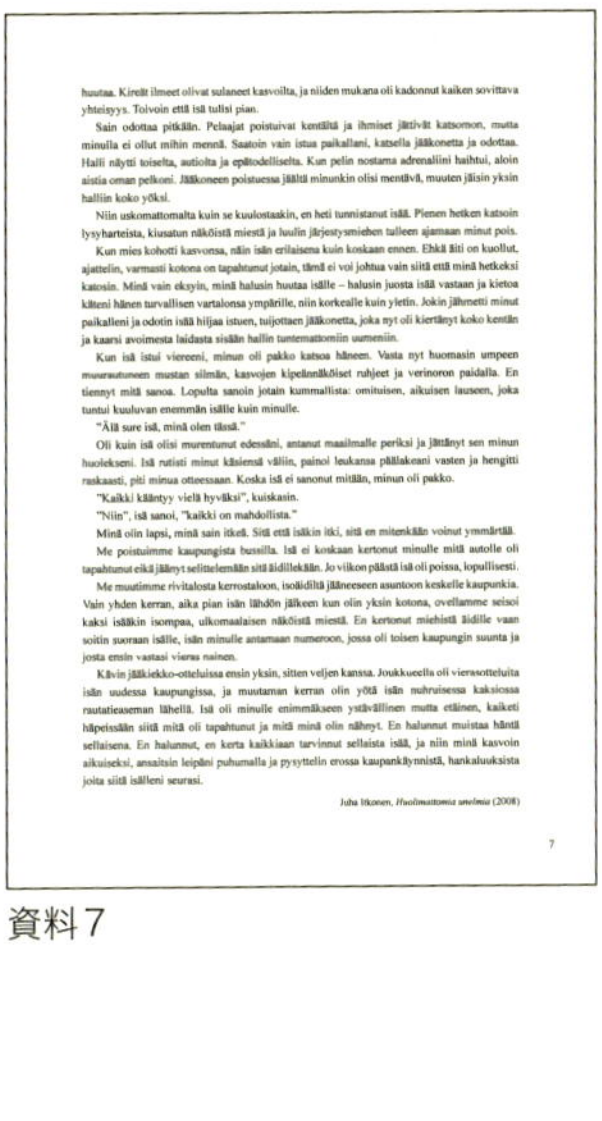

huutaa. Kireät ilmeet olivat sulaneet kasvoilta, ja niiden mukana oli kadonnut kaiken sovittava yhteisyys. Toivoin että isä tulisi pian.

Sain odottaa pitkään. Pelaajat poistuivat kentältä ja ihmiset jättivät katsomon, mutta minulla ei ollut mihin mennä. Saatoin vain istua paikallani, katsella jääkonetta ja odottaa. Halli näytti toiselta, autiolta ja epätodelliselta. Kun pelin nostama adrenaliini haihtui, aloin aistia oman pelkoni. Jääkoneen poistuessa jäältä minunkin olisi mentävä, muuten jäisin yksin halliin koko yöksi.

Niin uskomattomalta kuin se kuulostaakin, en heti tunnistanut isää. Pienen hetken katsoin lysyharteista, kiusatun näköistä miestä ja luulin järjestysmiehen tulleen ajamaan minut pois.

Kun mies kohotti kasvonsa, näin isän erilaisena kuin koskaan ennen. Ehkä äiti on kuollut, ajattelin, varmasti kotona on tapahtunut jotain, tämä ei voi johtua vain siitä että minä hetkeksi katosin. Minä vain eksyin, minä halusin huutaa isälle – halusin juosta isää vastaan ja kietoa käteni hänen turvallisen vartalonsa ympärille, niin korkealle kuin yletin. Jokin jähmetti minut paikalleni ja odotin isää hiljaa istuen, tuijottaen jääkonetta, joka nyt oli kiertänyt koko kentän ja kaarsi avoimesta laidasta sisään hallin tuntemattomiin uumeniin.

Kun isä istui viereeni, minun oli pakko katsoa häneen. Vasta nyt huomasin umpeen muurautuneen mustan silmän, kasvojen kipeännäköiset ruhjeet ja verinoron paidalla. En tiennyt mitä sanoa. Lopulta sanoin jotain kummallista: omituisen, aikuisen lauseen, joka tuntui kuuluvan enemmän isälle kuin minulle.

"Älä sure isä, minä olen tässä."

Oli kuin isä olisi murentunut edessäni, antanut maailmalle periksi ja jättänyt sen minun huolekseni. Isä rutisti minut käsiensä väliin, painoi leukansa päälakeani vasten ja hengitti raskaasti, piti minua otteessaan. Koska isä ei sanonut mitään, minun oli pakko.

"Kaikki kääntyy vielä hyväksi", kuiskasin.

"Niin", isä sanoi, "kaikki on mahdollista."

Minä olin lapsi, minä sain itkeä. Sitä että isäkin itki, sitä en mitenkään voinut ymmärtää.

Me poistuimme kaupungista bussilla. Isä ei koskaan kertonut minulle mitä autolle oli tapahtunut eikä jäänyt selittelemään sitä äidillekään. Jo viikon päästä isä oli poissa, lopullisesti.

Me muutimme rivitalosta kerrostaloon, isoäidiltä jääneeseen asuntoon keskelle kaupunkia. Vain yhden kerran, aika pian isän lähdön jälkeen kun olin yksin kotona, ovellamme seisoi kaksi isääkin isompaa, ulkomaalaisen näköistä miestä. En kertonut miehistä äidille vaan soitin suoraan isälle, isän minulle antamaan numeroon, jossa oli toisen kaupungin suunta ja josta ensin vastasi vieras nainen.

Kävin jääkiekko-otteluissa ensin yksin, sitten veljen kanssa. Joukkueella oli vierasotteluita isän uudessa kaupungissa, ja muutaman kerran olin yötä isän nuhruisessa kaksiossa rautatieaseman lähellä. Isä oli minulle enimmäkseen ystävällinen mutta etäinen, kaiketi häpeissään siitä mitä oli tapahtunut ja mitä minä olin nähnyt. En halunnut muistaa häntä sellaisena. En halunnut, en kerta kaikkiaan tarvinnut sellaista isää, ja niin minä kasvoin aikuiseksi, ansaitsin leipäni puhumalla ja pysyttelin erossa kaupankäynnistä, hankaluuksista joita siitä isälleni seurasi.

Juha Itkonen, *Huolimattomia unelmia* (2008)

7

資料7

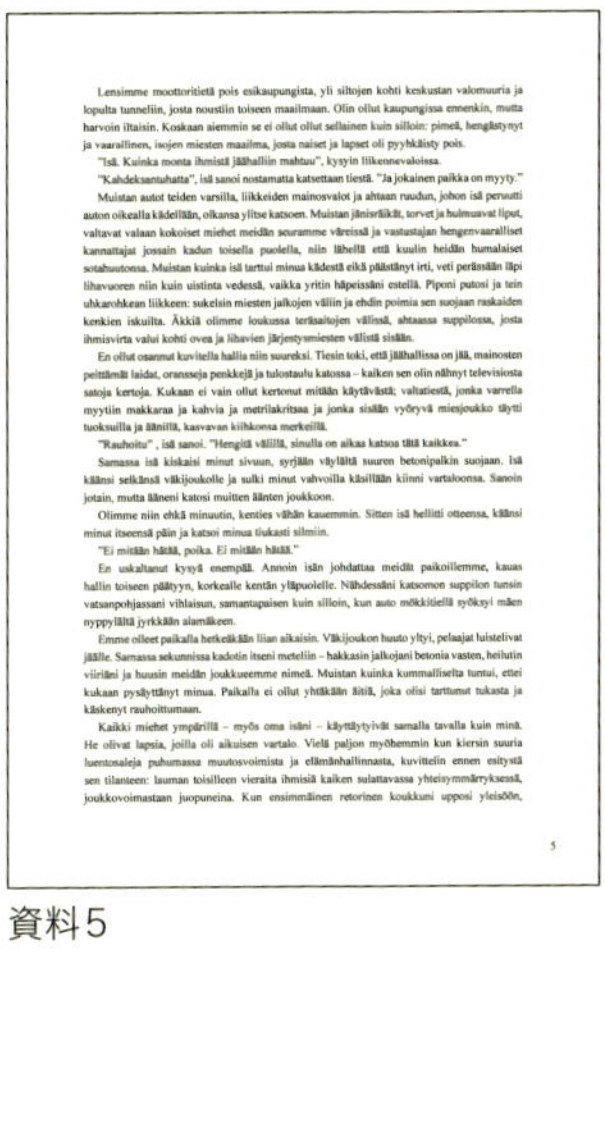

Lensimme moottoritietä pois esikaupungista, yli siltojen kohti keskustan valomuuria ja lopulta tunneliin, josta noustiin toiseen maailmaan. Olin ollut kaupungissa ennenkin, mutta harvoin iltaisin. Koskaan aiemmin se ei ollut ollut sellainen kuin silloin: pimeä, hengästynyt ja vaarallinen, isojen miesten maailma, josta naiset ja lapset oli pyyhkäisty pois.

"Isä. Kuinka monta ihmistä jäähalliin mahtuu", kysyin liikennevaloissa.

"Kahdeksantuhatta", isä sanoi nostamatta katsettaan tiestä. "Ja jokainen paikka on myyty."

Muistan autot teiden varsilla, liikkeiden mainosvalot ja ahtaan ruudun, johon isä peruutti auton oikealla kädellään, olkansa ylitse katsoen. Muistan jänisräikät, torvet ja hulmuavat liput, valtavat valaan kokoiset miehet meidän seuramme väreissä ja vastustajan hengenvaaralliset kannattajat jossain kadun toisella puolella, niin lähellä että kuulin heidän humalaiset sotahuutonsa. Muistan kuinka isä tarttui minua kädestä eikä päästänyt irti, veti perässään läpi lihavuoren niin kuin uistinta vedessä, vaikka yritin häpeissäni estellä. Piponi putosi ja tein uhkarohkean liikkeen: sukelsin miesten jalkojen väliin ja ehdin poimia sen suojaan raskaiden kenkien iskuilta. Äkkiä olimme loukussa teräsaitojen välissä, ahtaassa suppilossa, josta ihmisvirta valui kohti ovea ja lihavien järjestysmiesten välistä sisään.

En ollut osannut kuvitella hallia niin suureksi. Tiesin toki, että jäähallissa on jää, mainosten peittämät laidat, oransseja penkkejä ja tulostaulu katossa – kaiken sen olin nähnyt televisiosta satoja kertoja. Kukaan ei vain ollut kertonut mitään käytävästä; valtatiestä, jonka varrella myytiin makkaraa ja kahvia ja metrilakritsaa ja jonka sisään vyöryvä miesjoukko täytti tuoksuilla ja äänillä, kasvavan kiihkonsa merkeillä.

"Rauhoitu" , isä sanoi. "Hengitä välillä, sinulla on aikaa katsoa tätä kaikkea."

Samassa isä kiskaisi minut sivuun, syrjään väylältä suuren betonipalkin suojaan. Isä käänsi selkänsä väkijoukolle ja sulki minut vahvoilla käsillään kiinni vartaloonsa. Sanoin jotain, mutta ääneni katosi muitten äänten joukkoon.

Olimme niin ehkä minuutin, kenties vähän kauemmin. Sitten isä hellitti otteensa, käänsi minut itseensä päin ja katsoi minua tiukasti silmiin.

"Ei mitään hätää, poika. Ei mitään hätää."

En uskaltanut kysyä enempää. Annoin isän johdattaa meidät paikoillemme, kauas hallin toiseen päätyyn, korkealle kentän yläpuolelle. Nähdessäni katsomon suppilon tunsin vatsanpohjassani vihlaisun, samantapaisen kuin silloin, kun auto mökkitiellä syöksyi mäen nyppylältä jyrkkään alamäkeen.

Emme olleet paikalla hetkeäkään liian aikaisin. Väkijoukon huuto yltyi, pelaajat luistelivat jäälle. Samassa sekunnissa kadotin itseni meteliin – hakkasin jalkojani betonia vasten, heilutin viiriäni ja huusin meidän joukkueemme nimeä. Muistan kuinka kummalliselta tuntui, ettei kukaan pysäyttänyt minua. Paikalla ei ollut yhtäkään äitiä, joka olisi tarttunut tukasta ja käskenyt rauhoittumaan.

Kaikki miehet ympärillä – myös oma isäni – käyttäytyivät samalla tavalla kuin minä. He olivat lapsia, joilla oli aikuisen vartalo. Vielä paljon myöhemmin kun kiersin suuria luentosaleja puhumassa muutosvoimista ja elämänhallinnasta, kuvittelin ennen esitystä sen tilanteen: lauman toisilleen vieraita ihmisiä kaiken sulattavassa yhteisymmärryksessä, joukkovoimastaan juopuneina. Kun ensimmäinen retorinen koukkuni upposi yleisöön,

5

資料5

Uskonnonopetus herättää keskustelua

Keskustelua käydään siitä, vastaako nykyinen oman uskonnon opetus parhaalla tavalla yhteiskunnan tarpeisiin.

Uskontotietoa harkitaan vaihtoehdoksi

資料10

Metros

HERTTONIEMI
sanno täti jostan kaukka
ja kuulosta niim pal fiinilt
ruatiks sanota kans
HERTONÄS
mut mun kiälelän
ei san kukka mittä.

Mää aja asema ohitte vaa
kote kerra munst piret
hualtakka.

Koto

Siit paikast mää sen tiäsi et nyy ollan koto,
kuulus paari vessa oven takka: "Onk tääl jono?"
Voik kuvitel mittä sen kaunemppa,
olkko Salomaa Hiski taik Ahmatova.

Mitä mul o?

Tulkka kaik juapo mu viäre istuma linja-autos.
Sanokka kaik täi et ky! o hualimatoine
ja naisihmine viäl.
Ihmetelkkä kaik viara yhte äåne,
et kummottos se lainkka pärjä.

Mul o maja puus.
Paat rannas.
Suur harma villapait.
Taskulamp peito al.
Viäl yks raha kukkaros.
Nestuuki taskum pohjal.

Mul on kiäl.
Tämä oma

tuuline ja merine.

Heli Laaksonen, *Pulu uti* (2000)

資料8

Opetus lähtee uskonnonvapaudesta

Ann Kaikkalainen

Kirkko ja kaupunki 12.8.2009

資料11

Internet pilaa aivoni

Syventymistä ja keskittymistä vaativa lukeminen on alkanut tuntua hankalalta. Syypää voi olla internet, jota luetaan silmäillen ja nopeasti.

HS Teema 3/2008

資料9

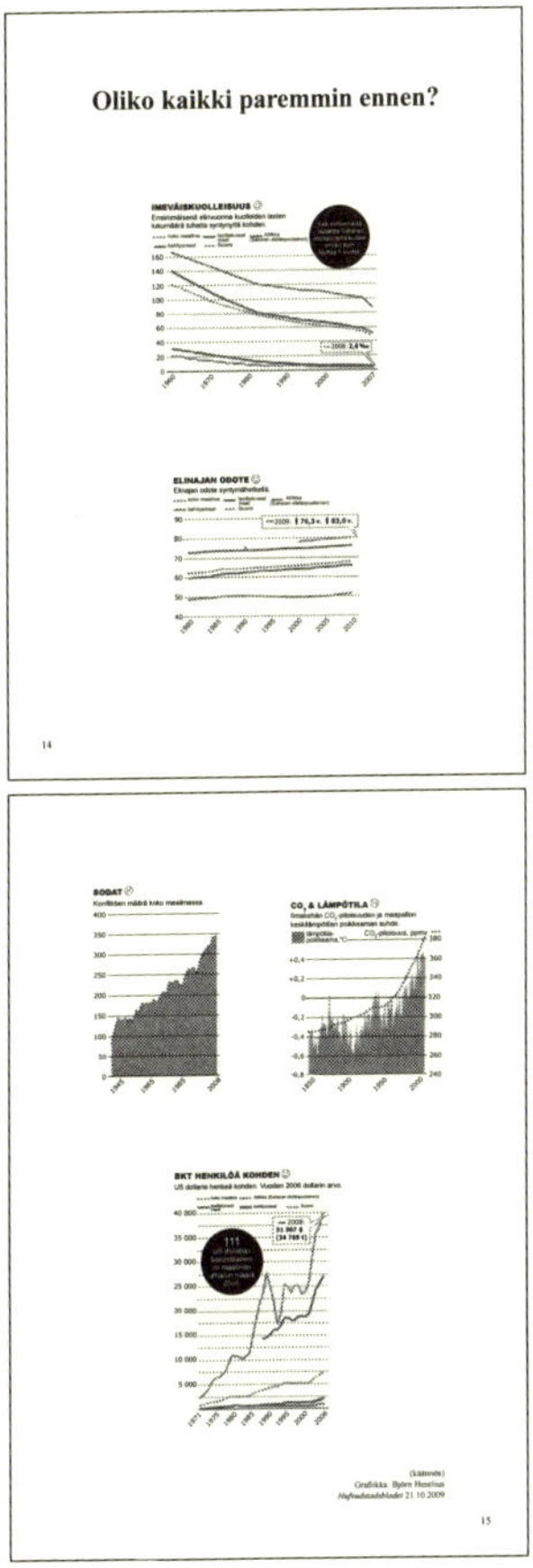

資料14-15

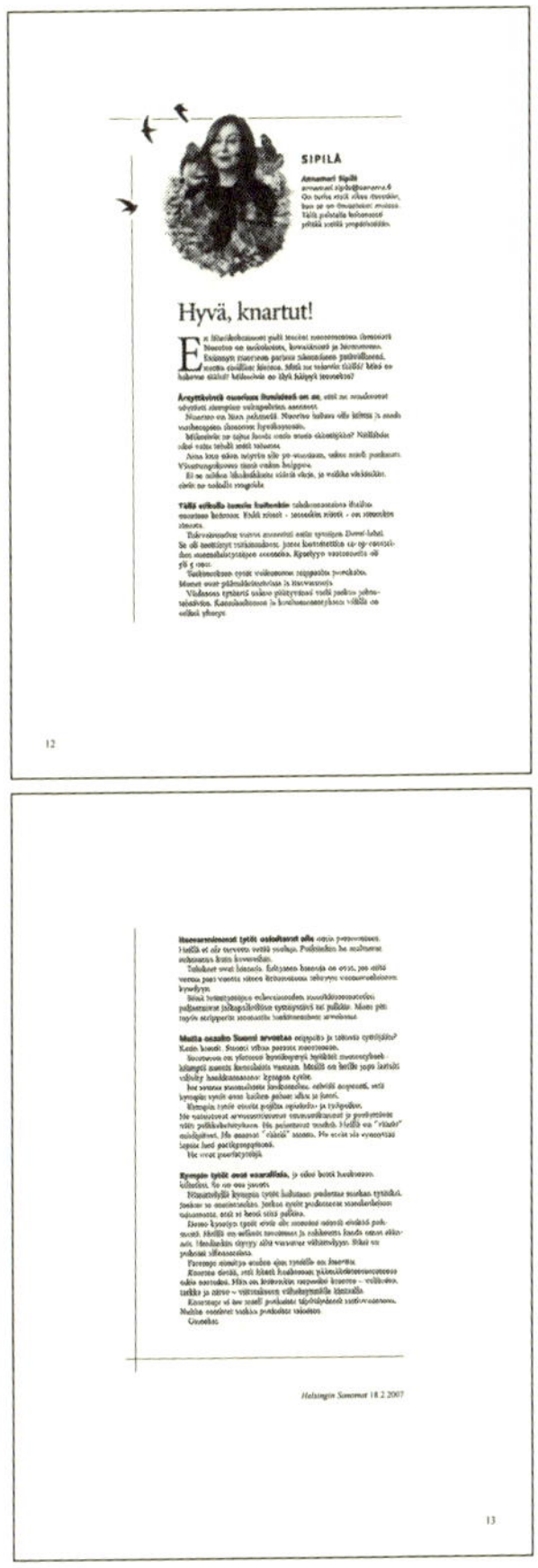

資料12-13

＊大学入試

他のヨーロッパ諸国と異なって、フィンランドには大学ごとの入学試験がある。その点では、フィンランドの教育制度においては、大学入試で初めて競争原理が適用されるということになる。

トゥルク大学教育学部では、小学校教員を主として養成する教育学部の必修科目として数学を指定した。そのため、大学入学資格試験は、全員必修のフィンランド語と大学の学部必修の数学と英語をパスしておかなくてはならない。その上で、大学の学部独自の入試として、グループ討論、数学と、学部の教授たちが書いた論文集を持ち込みで心理学と教育学の小論文テストがある。[1]

グループ討論は、教師になった時、現場では教師同士のチームワークが大切なことと、親や生徒との人間関係を作ることができるかを見るものであろう。心理学と教育学のペーパーテストは、これから何を学ぶのか、何を学びたいのかはっきりさせているかどうかを見るものだろう。

こうやって考えると、勉学の目的が自覚され、自分の人生展望に結びついていて、学び続ける力があるかどうか、入試のプロセスによって厳しく測られていることが分かる。そのため、大学進学が自分に合うか合わないかも、一人ひとりが厳しく問い続けなくてはならない。

＊総合大学

総合大学は、アカデミックな学術研究を目的とし、伝統的な学位を発行できる大学である。フィンランドの「総合大学」は、いわゆる「総合大学」と「専門大学」に分かれる。総合大学の管轄は教育省で、運営は国が行っている。他に国防省管轄の「軍事アカデミー」があって、総合大学と同レベルの教育が行われている。

２００５年度には、フィンランドの大学はボローニャ・プロセスの適用に踏み切った。３年間の学士１８０ＥＣＴＳ（ヨーロッパ共通単位）とそれに続く２年間の修士１２０ＥＣＴＳというように国際基準に沿っている。学級担任教員など教育学部の主専攻は教育学である。校長など管理職、あるいは行政職に就く場合には、個別教科や教育実習を履修しなくてよい。教科担当教員は、他学部で個別学問を学び、さらに教職課程をプラスすれば、教員資格が得られる。大学に入学後、教科担当教員養成プログラムに申し込むことになる。ただし、

表14　フィンランドの総合大学

総合大学	名称
総合大学（10）	ヘルシンキ大学 オーボアカデミー大学（トゥルク） トゥルク大学 タンペレ大学 ユヴァスキュラ大学 オウル大学 ヴァーサ大学 ラップランド大学（ロヴァニエミ） アールト大学 東フィンランド大学（ヨエンスー、クオピオ）
専門大学（6）	ラッペーンランタ技術大学 タンペレ技術大学
	ハンケン経済・ビジネス管理大学（スウェーデン語の経済大学、ヘルシンキ）
	美術アカデミー（ヘルシンキ） シベリウスアカデミー（音楽大学、ヘルシンキ） 演劇大学（ヘルシンキ）
その他（1）	軍事アカデミー
専門職大学（27）	自治領のオーランド専門職大学を含む

フィンランド教育文化省のホームページUniversities and University Networksより。2012年8月15日確認。

①教職課程を履修するためには試験がある。
②教職課程は、60ECTS、1年相当の学習と見なされるが、教職課程を履修する時期・期間は自由である。実際には、1〜1・5年かかる。
③個別学問と教育学との二重学位を取ることも可能である。

子どもたちは18歳を過ぎると自立する建前なので、親は一切資金援助をしない。授業料は、学校と名のつくところはすべて無料だが、大学生は衣食住確保のために、5年間の教育課程の間に、2年ほど休学して生活費を稼ぐのが普通だ。そんなわけで、大学を卒業するには7年くらいをかけ、卒業時は30歳くらいとなる。

第8章　フィンランドの職業教育の歴史と展望

企業とともに職業教育を進める

フィンランドの研究者の見解[1]を取り入れながら歴史を眺めると、次の3つの時期に区分できるように思われる。

＊1965年まで

この時期には、学術教科を学ぶ教育（education）と実技を学ぶ訓練（training）がはっきりと分かれていて、経済産業省、農林省、運輸省などが特定の職業学校を設立し、管理していた。

＊1965年から1987年まで

この時期は、さらに、1965年から1973年までと、1974年から1987年までの２つに分けられる。

１９６５年から１９７３年の間に、社会民主主義政党が福祉国家建設に乗り出し、教育省に関連する「職業教育国家委員会（ＮＢＶＥ）」を新設し、すべての職業教育の管理を一元化した。同委員会はカリキュラム、教育方法、評価、入学と進級、予算配分を管理した。

１９７４年から１９８７年の間は、フィンランドでは教育大改革期と呼ばれ、職業教育も中等普通教育も質の向上を目指し、中学（前期中等教育）は普通教育に統一して、後期中等教育で職業教育に分ける制度を採用した。この点が、ドイツ、オランダ、スイスなどと異なる。だが、成人の職業教育や継続教育、生涯学習については、手が回らなかった。

この時期に、ドイツ型の「応用大学（Fachhochschule）」の建設が提案され、22校の専門職大学（ポリテクニク）が計画された。試験的運営を経て、実際には、１９９６年に6校の新設が認められた。また、地方レベルでは、後期中等教育の総合化、すなわち普通教育と職業教育の統合が話題にされた。

教育制度改革については、１９７４年までに諸委員会が設置され、各経済部門ごとに14委員会が１９７７年までの３年間にわたって作業し、すべての職業教育に関してカリキュラムを策定した。この成果が、1978年採択の「教育発展法」に結実する。1979年には小学校の教員養成もアカデミックな総合大学に移管され、小・中・高（普通科）教員には修士号取得が義務付けられた。

また、1982年までに、国会は、障害のある生徒を一般の教育に統合することを決め、現場の切り替えは1988年に完了した。

＊1987年から現在まで

この時期は、1994年前とそれ以後との2つに分けられる。

1987年には、職業教育の制度、予算、生徒支援に関する3つの法律が採択された。これによって新しい枠組みができ上がった。統合計画は、普通教育と職業教育の統合の面にもおよび、双方で取得した単位を合計できるという協同が可能になった。しかし、普通科高校と専門学校の統合案は採択されなかった。

後期中等教育で用意される職業資格は、25部門（後に26部門）250種類に定められ、3500種類の科目が設定された。

1987年から1988年にかけて、成人教育機構が整備され、予算がつけられること

図5　将来の教育構造に関する政府提案

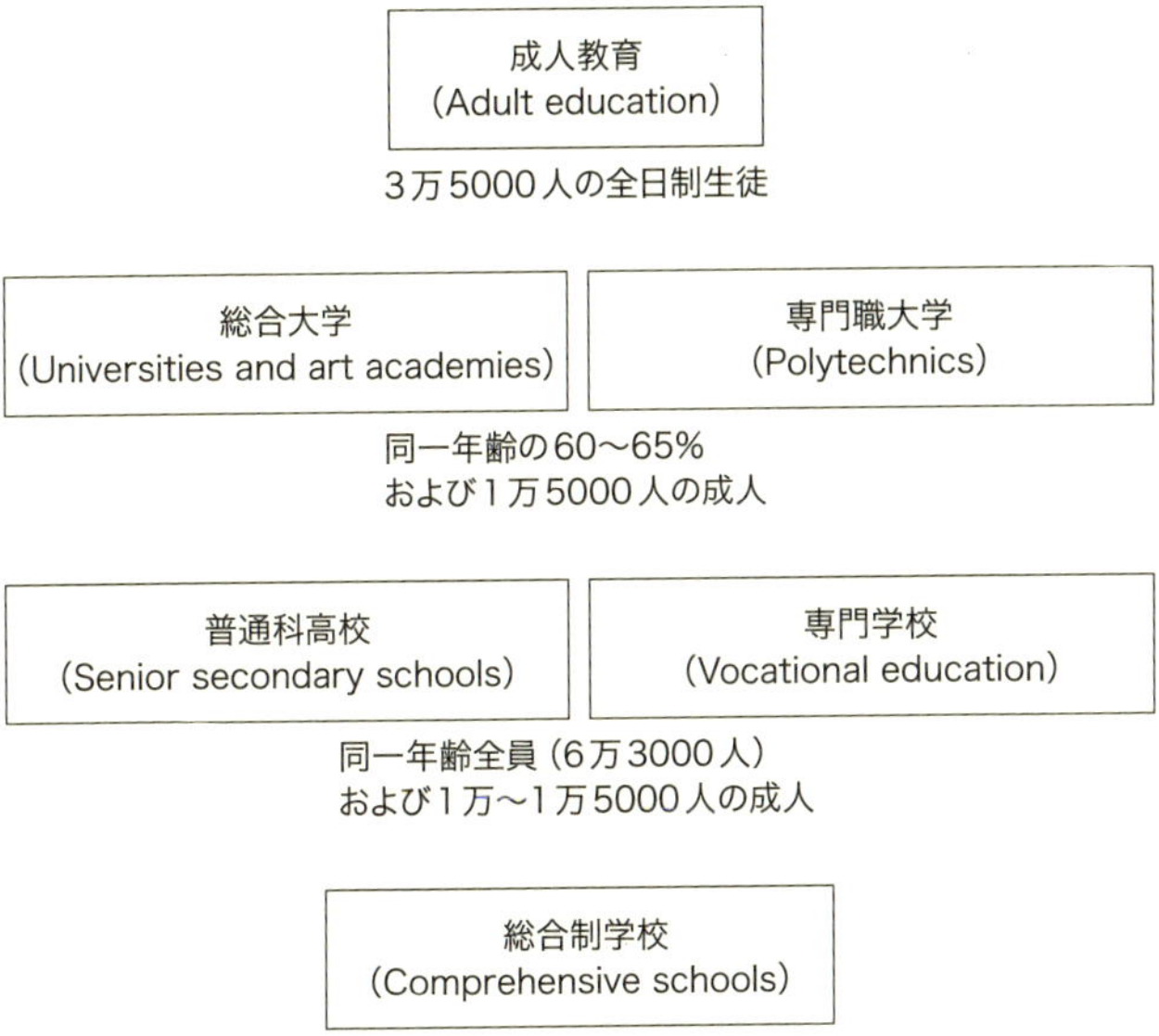

出典：Olli Räty. Process Owners and Stakeholders in VET Reforms in Finland. In Ian Finlay, Stuart Niven and Stphanie Young (eds) *Changing Vocational Education and Training: An International Comparative Perspective*. London: Routledge, 1998, p.129.

になって、成人が正規の学校教育制度に入り直さなくても、成人教育施設で学び、職業資格試験を受験することが可能になった。

この頃、政府が描いた教育施設配置図は、図5の通りである。政府案では、職業専門性を追求する「専門学校―専門職大学」という柱と、学問的専門性を追求する「普通科高校―総合大学」の並行案が採用され、専門職大学の建設という計画と、職業教育と中等教育の統合という計画が現在までゆっくりではあるが進められることになった。

＊不況の時こそ職業教育

職業教育の充実はコストがかさむので、学校を運営する自治体連合はよい顔をしなかった。教育政策の策定者は、連合政権の中では左派の意見を反映して、デュアルシステムというドイツ型職業教育にならい、学校を基盤として学習するけれども、職業現場の実習を多くして、働きながら学ぶという方式をとることにした。起業家側は、コストをシェアすることに難色を示した。しかし、労働者側は、「中等教育から高等教育や成人教育へと通っていける長期で幅の広い職業教育コース」[2]を望んだのである。そのことは、進学率にも表れる。１９８０年代初頭には、政府は中卒の進学者で普通科高校入学者と専門学校入学者の比率を20：80と計画していた。だが、実際には、その後、50：50という比率に近い数字で推移してきた。進学熱の高まりへの対処もまた必要になった。

実践的な教育、高度な職業教育を行う専門職大学を建設するという計画は、総合大学の側から反対論は出てこなかった。専門職大学に進学する学生は、専門学校の卒業生、普通科高校卒業で大学入学資格試験に合格しなかった者、普通科高校卒業で総合大学入学試験に合格しなかった者が見込まれた。

もっと直接の影響は、１９９１年12月末のソ連邦の崩壊であった。フィンランドは、貿易輸出の20～30％を失い、失業率は３％から19％に激変した。就職難は、より高学歴を求める方向に動くが、フィンランド政府は総合大学を拡大する方向には動かなかった。

フィンランド教育組合（ＯＡＪ、現職教員の98％が加入し、退職者と教育志望の学生も擁する）の国際部担当のリトヴァ・セミさんによると、１９９０年代の初頭にフィンランド政府は「職業教育を見直そう」というキャンペーンを張った。それまで、フィンランドも学歴社会だった。しかし、学歴だけに頼るのではなく、「不況の時こそ資格を取ろう」と教育省が訴えたのだそうだ。職業教育には金がかかるが、そのお金は政府が何とかしようとした。

セミさんのところには、発展途上国からも訪問者があって、「掃除人に資格が要るのか。そんなものに金をかけられない」と反論される。彼女は、「掃除をするにも、衛生面の知識や実際に成し遂げる技能が必要で、それがあれば仕事の質が変わる」と説明しているという。

フィンランド社会は、職業教育にはきわめて現実的に対応した。たとえば、セミさんの甥（おい）はスポーツが大好きで、学校に行くのも、ましてや大学に行くのは嫌いだった。そこで、実践中心の専門学校（職業高校相当）で資格を取った。働いているうちに、今度はその専門学校で教えたいという気になったので、1年間、大学で教育学コースの勉強をした。おかげで今は、専門学校の教師をしている。「パソコンを使えても、パソコンを教えることができるかというと、そうでもない」と、こんな説明であった。

教える分野によって、大学を卒業しなくても学校の教師になれる。フィンランドはこんな職業教育制度、職業資格制度を作り上げているのであるが、その制度は大昔からのものではなく、経済不況の中でここ20年余で整備してきたものに過ぎない。

＊1994年の教育大改革以後

表15　フィンランドにおけるコンピテンス・ベース職業資格取得者数の推移

年	コンピテンス・ベース試験による職業資格取得者数
1995	547
1996	2,645
1997	5,152
1998	8,159
1999	12,815
2000	16,903
2001	20,180
2002	23,383

出典：Manuel Souto Otero, Andrew McCoshan and Kerstin Junge (eds.) *European inventory on validation of non-formal and informal learning*. Birmingham, UK; ECOTEC Research and Consulting, 2005, p.98.

フィンランドの職業資格制度は、1994年の教育改革期に始動する。職業の資格分類については労働省が担当し、職業資格の養成については教育省、実際には国家教育委員会が担当している。

「職業資格法」と「職業資格に関する政令」は1994年4月1日施行となっている。

コンピテンス・ベースの資格制度は、1994年以来、実現に向けて動き出した。この制度は、後期中等教育段階の職業教育と、職場における技能習得とを生涯学習という形で結びつけようとするものである。学校の教師は実技指導員と協力し、成人の職業技能を維持・強化し、自営業として仕事に就く力を身につけさせ、労働生活を発展させ、雇用を促進し、生涯学習を支援することが目的だと国家教育委員会は説明している[3]。

さて1996年は「欧州生涯学習年」であった。世界の動向を反映して、オウル学校管理センター（OAKK）はコンピテンス・ベースの資格[4]を1996年に作成している。

その後改訂が加えられ、1999年1月1日からは、1998年採択の諸法律によって職業資格制度は運営されている。

後期中等教育相当の基礎職業教育・訓練は、「職業教育法」および「職業教育に関する政令」で規定されている。そこには、それまで存続していた「徒弟制度」も含まれている。

また、同年採択の「成人職業法」および「成人職業教育に関する政令」により、コンピテンス・ベースの資格は管理されている。

教育省は、資格の内容を定めた「資格枠組み」を作成し、それを毎年更新することになった。

資格付与について、基礎職業資格の有無は、教科テストと「コンピテンス試験」によっ

表16　フィンランドにおける主要な成人教育施設およびその数

分　類	成人教育施設名	施設数
自由な成人教育	成人教育センター	258
	フォルケ・ホイ・スコーレ	91
	学習サークルセンター	11
	夏季大学	20
	スポーツ教育施設	14
普通成人教育	成人向け普通科高校	54
職業訓練校（後期中等教育レベル）	基礎職業専門学校	220
	上級職業専門学校	54
	成人向け職業教育センター	45
高等教育	専門職大学	29
	総合大学	20

フィンランド教育文科省のホームページ「Adult education system」より。2012年8月15日確認。表1（本書47ページ）に比べるとデータが古く、分類方法も異なっている。

て測定される。上級職業資格と専門家職業資格は、実技試験のみとなる。実技試験は、「資格委員会」が管理している。成績は、「すぐれている」「よい」「十分」の3段階で評価される。パスしなかった場合には、就学期間と成績が記載された「登録証明」だけが学校もしくは教育提供者から発行される。これによって、継続して学ぶことが可能となる。

指定された「資格モジュール」をすべて修了すれば、「資格証明」が与えられ、そこには個々の養成科目の評価も記入される。評価は雇用者側と学校もしくは教育提供者が協同で行い、実技に関する部分の証明は「評価委員会」が行う。モジュールとは、実業系大学の短期的な履修課程のことで、職業資格を組み立てるユニットとなると見なされる。このようなモジュール方式はイギリスで発展した。

職業資格取得者は、表15に見るように急速に増加しており、「フィンランド教育制度の中でその地位を強めつつある[5]」。

＊成人教育

20歳以上になると、成人教育の対象となる。基礎職業資格を望む者は、専門学校に入学する。総合大学への入学を望む者は、普通科高校で学ぶ。大学を含んで、どの学校でも授業料は無料だが、退職して正規に入学する場合には失業手当を受けることができる。現在は、前職の給料の6割が支給される仕組みになっている。

表16中の「フォルケ・ホイ・スコーレ」とは、デンマーク発祥の成人教育施設で、大学並みの教育内容だが、正規の（単位互換のできる制度的な）単位や成績は授与されず、あくまでも実力を付けることを目的とする。

注

はじめに

（1）Best Countries, *Newsweek*, August 23&30, 2010, pp.31-40. およびBest Countries in the world, *Newsweek*, http://www.thedailybeast.com/newsweek/2010/08/15/interactive-infographic-of-the-worlds-best-countries.html

（2）２０１２年６月公表。World Bank. Knowledge Economy Index (KEI) 2012 Rankings. www.worldbank.org/kam. のホームページより閲覧。

（3）Save the Children のホームページより閲覧。

（4）OECD, *Overcoming Failure at School*, OECD, 1998, pp.44-45. 日本語訳『学力低下と教育改革―学校での失敗と闘う』嶺井正也訳、アドバンテージサーバー、２０００年、72ページ。

（5）ＯＥＣＤ『日本の政策課題達成のために―ＯＥＣＤの貢献』13ページ。http://www.oecd.org/dataoecd/31/10/44661920.pdf

第1章

（1）European Commission, *White Paper on Growth, Competitiveness, Employment: The Challenges and Ways Forward into the 21st Century*. Office for Official Publications of the European Commission, 1993.

（2）European Commission, *White Paper on Education and Training, Teaching and Learning: Towards the Learning Society*. 1995.

（3）Jacques Delors et al., *Learning: The Treasure Within; Report to UNESCO of the International Commission on Education for the Twenty-first Century*. UNESCO, 1996.
ユネスコ「21世紀教育国際委員会」『学習：秘められた宝』ぎょうせい、１９９７年。
（4）OECD, *Growth, Competitiveness and Employment: The Challenges and Ways Forward into the 21st Century*, OECD, 1994. およびOECD, *Teaching and Learning: Towards the Learning Society*, OECD, 1995. 他に、OECD, The OECD Jobs Study: Implementing the Strategy. OECD, 1995.
（5）OECD, *Lifelong Learning for All*. OECD, 1996, p.89.
（6）『国家カリキュラム大綱』第3章第1項。
（7）Finnish National Board of Education. *Competence-based Qualification, 1st January 2008*. p.4

第2章
（1）横山悦生「『教育的スロイド』の成立をめぐって」技術教育研究会『技術と教育』２００４年第2号。

第3章
（1）タルヤ・ホンカネン、ヘイッキ・マルヨマキ、エイヤ・パコラ、カリ・ラヤラ著、高橋睦子監訳、ペトリ・ニエメラ、藤井ニエメラみどり訳『フィンランド中学校現代社会教科書 15歳 市民社会へのたびだち』明石書店、２０１１年、37ページ。
（2）同、44～45ページ。
（3）同、52ページ。

第6章
（1）Ian Dobson. Finland: Polytechnics that call themselves universities. *University World News Global Edition* Issue 23. 13 April 2008.

（2）Thomas Preffer, Martin Unger, Seppo Hölttä, Pertti Malkki, Stefano Boffo and Giovanni Finocchietti. *Latecomers in Vocational Higher Education: Austria, Finland, Italy.* Vienna: Universität Klagenfurt, 2000, 5.
（3）Ministry of Education. *Higher Education Policy in Finland.* 2000, p.33.

第7章

（1）福田誠治『フィンランドは教師の育て方がすごい』亜紀書房、２００９年、１４５～１５１ページ。

第8章

（1）Olli Räty. Process Owners and Stakeholders in VET Reforms in Finland. In Ian Finlay, Stuart Niven and Stphanie Young (eds) *Changing Vocational Education and Training: An International Comparative Perspective.* London: Routledge, 1998, pp.123-136.
（2）Olli Räty. Process Owners and Stakeholders in VET Reforms in Finland. In Ian Finlay, Stuart Niven and Stphanie Young (eds) *Changing Vocational Education and Training: An International Comparative Perspective.* London: Routledge, 1998, p.132.
（3）Finnish National Board of Education. *Vocational Education and Training System in Finland.* 30.12.2010 http://www.oph.fi/english/mobility/europass/finnish_education_system/vocational_education_and_training
（4）OAKK. *Competence-based Qualifications.* 1996. http://www.oakk.fi/fi/competence-based_qualifications/
（5）Manuel Souto Otero, Andrew McCoshan and Kerstin Junge (eds.) *European inventory on validation of non-formal and informal learning.* Birmingham, UK; ECOTEC Research and Consulting, 2005, p.98.

学歴と社会が求める能力との落差――おわりに

日本では、近年、毎年のように、インドネシアから研修に来た介護福祉士が日本の国家試験に合格できず、4年の労働を体験したのに国に帰らなくてはならないというニュースが報道される。

介護福祉士として十分な働きをしており、現場の所長やベテラン日本人介護福祉士もその働きを認めているのに、日本では介護福祉士として「不合格」になってしまうというわけだ。

原因は、どこにあるのか。1つは、日本語の壁にある。しかし、日本人でも難しいという出題内容に大きな問題があるとも報道されるので、日本語を習得するだけの問題ではなさそうだ。

なぜ日本では介護福祉士の国家試験が「難関」と評されるテストになってしまうのか。それは、日本のテストが知識内容を問う「コンテンツ・ベース」になっていて、実際の仕事における働きを測る「コンピテンス・ベース」になっていないからである。

時々問題になるが、医師の国家試験も同様で、病名、対処の仕方、薬の効果、法規など資格要件をたくさんの事項に分けて「知っているか知らないか」を紙のテストで問うものである。しかし、これは実際に患者と話したり、聴診器をあてて体の様子を調べたり、蓄積した知識をとっさの判断に活かせたり、手術する時のチームワークや手先の器用さを調べるものではない。

テストが「コンテンツ・ベース」になると、知識が断片に解体され、それぞれの分野が試されるが、全体がどう動いているかはよく分からない仕組みになる。また、実践力であるはずの技能まで、紙のテストで解答できるように、図示したり言葉で表して、手順を問う知識問題に変換されてしまう。しかも、「コンテンツ・ベース」になると、試験に出る知識はどんどん蓄積されて増えていくことになり、得点に差異を出すためには難易度が高まっていく傾向になる。だから「難関」なのである。

さらに、テストに出題する知識、その知識の領域を区分し、配点割合を決めるのも、出題者側の人工的な操作に過ぎず、現場で使う知識の組み合わせとは異なることもありうる。むしろ、ペーパーテストは現場から離れてしまう傾向にある。だから「受験知識」と呼ばれるわけだ。

学歴と社会で発揮される能力との落差は、アメリカではかなり前から指摘されていた。それが今、日本で深刻な問題になっている。なのに、依然としてアメリカ式のマーク・シート型の問題を解いている。

国際学力調査PISAが突きつけた最大の問題は、基礎教育で「コンピテンス・ベース」の力がついていれば、それ以降は、日本では16歳、ヨーロッパでは17歳以降になるが、自ら学び続けていくことができるということだ。とりわけ、職業教育では、「コンピテンス・ベース」のテストが実行されるようになり、実際に現場で働く様子を見ながら評価されるように動いている。

フィンランドの大きな特徴は、近年、中学卒業後の進路で職業学校に進む割合のほうが普通科高校に進学する割合より増加して、男子生徒だけだとほぼ半数になってきている。しかも、専門職大学（ポリテクニク）が制度的に確立している。職業経験を積んで専門性のレベルを上げようと思えば、職業の道を貫きながらどんどん学ぶことができる。フィンランドでは、「コンピテンス・ベース」の教育が着々と進められている。

フィンランドの教育制度は、中学で職業専門を分けるオランダ、スイスの教育制度と、ほとんど職業意識を育てずに学力競争をさせるアメリカ、日本の教育制度との、ちょうど中間にあると言えるだろう。教科の学力をおろそかにしないで活用力・総合力を育て、学年制を敷いて、国民が協力して、同じように学びながらも個性を伸ばすゆとりも持ち、個人の自立を促しながら協調性や社会性の育成を重んじている。

人間を信頼し、自ら学ぶ子どもを育て、しっかり学べる教育システムを作ること。教育問題の解決の道は、意外と簡単な方法だ。しかし、国民が考えを合わせないと、実行は難しい。教育は金で買えると思ったとたん、その道はかすんでしまうだろう。日本の教育の最大の欠陥は、子どもたちを生産者に育てるのではなく、消費者に育ててしまうことだ。

テストとか入試のための勉強こそが、日本の子どもや若者たちが人生に向けて自立をすることを妨げているのではないか。子どもの自主性などに任せておいては教育は成り立たないと考える「教育者」が日本には多い。教えても教えても学ぼうとしない子どもたちにいら立っている大人も多い。この解決には、自ら学ぶ子を育てる他はないということに大人が気付くことがまず第一歩だ。北欧諸国の福祉国家の様子を見て、強くそう感じる。

本書の編集は、これまでと同じ木村隆司氏の手を煩らわせている。お約束してから書き上げるまで3年以上かかっており、本書が出るまでには彼の粘りとアドバイスが大きい。

タイトルに悩みながらもここまでたどりつくことができ、深く感謝したい。ようやくこれで、フィンランドの教育制度全体をつなげることができ、一区切りできたと思っている。

著者略歴
1950年、岐阜県生まれ。東京大学大学院教育学研究科博士課程修了。現在、都留文科大学副学長。主な著書に『格差をなくせば子どもの学力は伸びる』『フィンランドは教師の育て方がすごい』(共に亜紀書房)、『競争やめたら学力世界一』『競争しても学力行き止まり―イギリス教育の失敗とフィンランドの成功』『こうすれば日本も学力世界一』(共に朝日選書)、『子どもたちに「未来の学力」を』(東海教育研究所) など多数。

フィンランドはもう「学力(がくりょく)」の先(さき)を行(い)っている
人生(じんせい)につながるコンピテンス・ベースの教育(きょういく)

著者　福田誠治(ふくたせいじ)

2012年10月 4 日　第1刷発行
2016年 6 月11日　第2刷発行

発行所　株式会社亜紀書房
東京都千代田区神田神保町1-32　〒101-0051
電話　03-5280-0261
振替　00100-9-144037
http://www.akishobo.com

装幀　芦澤泰偉
印刷・製本　株式会社トライ　http://www.try-sky.com

ISBN978-4-7505-1217-4
乱丁本・落丁本はお取り替えいたします。